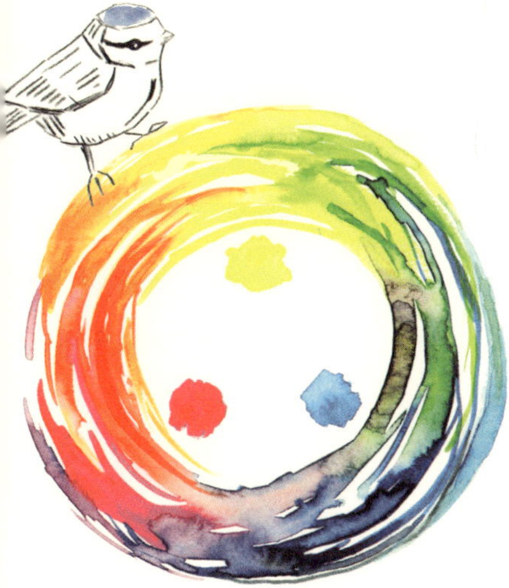

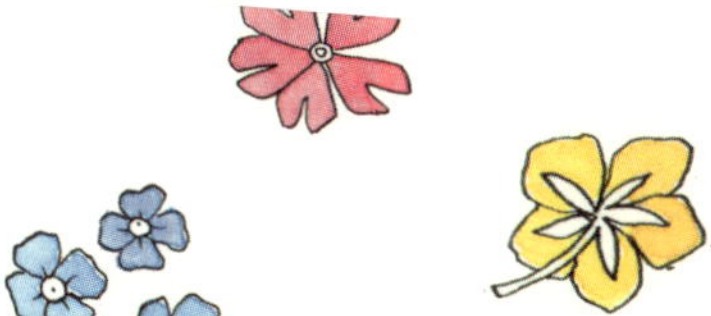

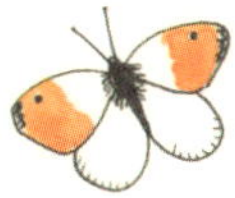

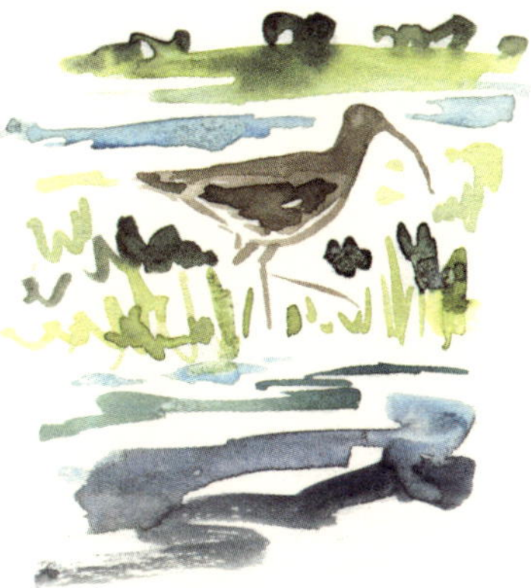

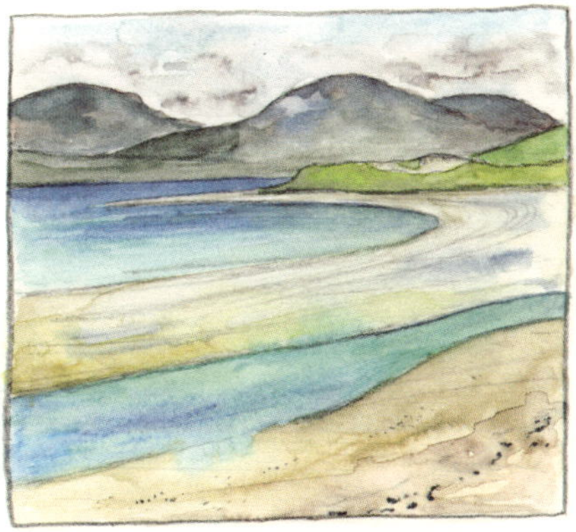

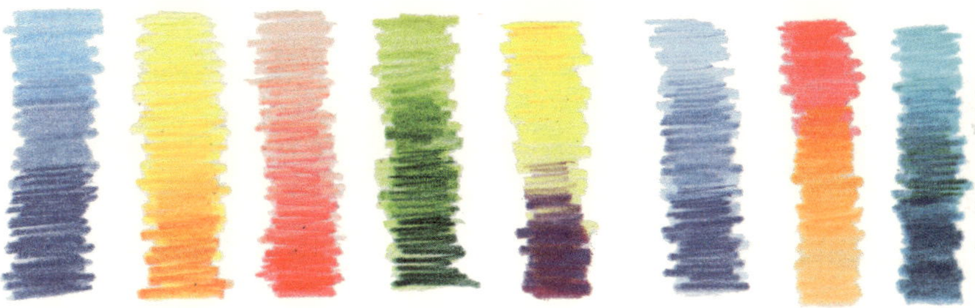

KNAUR

Über das Buch:
In Zeiten der Pandemie haben wir es so stark empfunden wie nie: Die Natur hat eine beruhigende und beglückende Wirkung auf uns. Neueste Forschungsergebnisse legen nahe, dass das Beobachten von Flora und Fauna eine der effektivsten Möglichkeiten ist, unsere Verbindung zu ihnen zu stärken. Das klingt so einfach, aber wie können wir einen Weg finden, um von unseren Bildschirmen auf- und in die Natur zu schauen? Künstlerin Ali Foxon zeigt uns, wie wir den Wäldern, Wiesen und Tieren durch das Anfertigen von Skizzen besonders nahe kommen können – und dadurch innere Ruhe finden. Vor allem aber zeigt sie: Natur zu zeichnen ist gar nicht so schwer – jede*r von uns kann es!

Über die Autorin:
Ali Foxon ist Künstlerin und gibt regelmäßig Kurse im Zeichnen von Natur. Sie betreibt eine eigene Zeichenschule, die sich dem Arbeiten in der Natur verschrieben hat, und ist die Begründerin der englischen »Greensketching«-Bewegung. Ali Foxon lebt mit ihrer Familie im Peak-District-Nationalpark in England.

Ali Foxon

SETZ DICH UNTER EINEN BAUM UND ZEICHNE!

Das Greensketching-Buch.
Einfach zeichnen lernen und entspannen in der Natur

Aus dem Englischen von
Lene Kubis

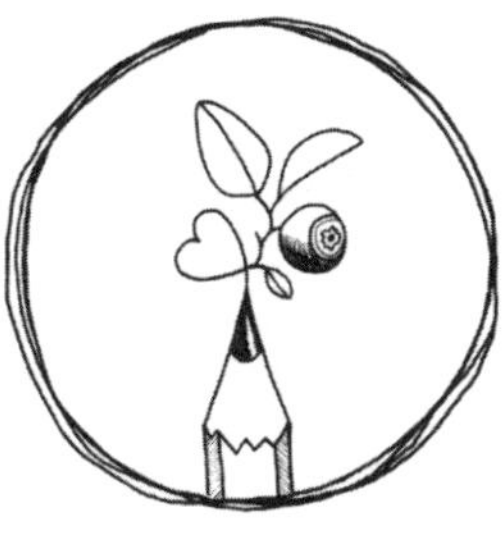

KNAUR

Die englische Originalausgabe erschien 2022 unter dem Titel »The Green Sketching Handbook. Relax, unwind and reconnect with nature« bei One Boat/Pan Macmillan, London.

Besuchen Sie uns im Internet:
www.knaur.de

Aus Verantwortung für die Umwelt hat sich die Verlagsgruppe Droemer Knaur zu einer nachhaltigen Buchproduktion verpflichtet. Der bewusste Umgang mit unseren Ressourcen, der Schutz unseres Klimas und der Natur gehören zu unseren obersten Unternehmenszielen. Gemeinsam mit unseren Partnern und Lieferanten setzen wir uns für eine klimaneutrale Buchproduktion ein, die den Erwerb von Klimazertifikaten zur Kompensation des CO_2-Ausstoßes einschließt.
Weitere Informationen finden Sie unter: www.klimaneutralerverlag.de

FSC www.fsc.org
MIX
Papier aus verantwortungsvollen Quellen
FSC® C083411

Deutsche Erstausgabe | April 2022
Knaur HC

Ein Imprint der Verlagsgruppe
Droemer Knaur GmbH & Co. KG, München

Redaktion: Heike Gronemeier
Covergestaltung: atelier-sanna.com, München
Coverabbildung: Ali Foxon und Air Images; Helen Hotson/Shutterstock.com
Satz: Daniela Schulz
Druck und Bindung: CPI books GmbH, Leck
ISBN 978-3-426-28604-3

2 4 5 3 1

Für Ben,
der mir die Augen geöffnet hat

INHALT

Wir werden nicht retten, was wir nicht lieben, und wir lieben selten, was wir nicht benennen können oder nicht sehen.

Robert MacFarlane in
A People's Manifesto for Wildlife
von Chris Packham

EINFÜHRUNG

WENN SICH DIE LIEBE ZUR NATUR ABZEICHNET

Was ist das für ein Leben, wenn wir vor lauter Sorge keine Zeit haben, zu sitzen und zu starren?

W. H. Davies, *Leisure*

Um kompetenter zu wirken, als ich mich fühlte, klappte ich meinen Laptop auf und ordnete meine Papiere neu. Ich saß in einem Konferenzraum direkt neben dem leitenden Wissenschaftler des Umweltprogramms der Vereinten Nationen und einem Nobelpreisträger gegenüber, der zu einem früheren Zeitpunkt seiner Karriere entdeckt hatte, dass FCKW für das Loch in der Ozonschicht verantwortlich war. Es war noch eine Handvoll weiterer Experten geladen, dazu ein Programmmanager und ich.

Verglichen mit anderen Konferenzen war diese hier ziemlich aufregend. Wir arbeiteten an einem wichtigen Bericht über Treibhausgase; wir versuchten, die letzten Details zu klären und sicherzustellen, dass wir die wissenschaftlichen Erkenntnisse so deutlich wie möglich kommuniziert hatten.

In meiner Rolle als wissenschaftliche Redakteurin des Berichts bemühte ich mich fieberhaft um Konzentration und versuchte außerdem, mich nicht wie eine Hochstaplerin zu fühlen.

Das Treffen lief gut. Doch als es sich dem Ende näherte, musste ich mir schweren Herzens eingestehen, dass ich einen völlig falschen Karriereweg eingeschlagen hatte – und das nach all den Jahren harter Arbeit und Studierens. Ich hatte genug davon, an evidenzbasierten Berichten zu arbeiten, die nur geringen Einfluss auf das Verhalten der Menschen zu haben schienen. Ich glaubte zwar immer noch an die Wissenschaft und die dringende Notwendigkeit, den Klimawandel zu bekämpfen. Auch hatte ich keinen Plan B. Aber ich sehnte mich nach Freiheit und frischer Luft.

Ich hatte die vergangenen Jahre damit verbracht, zu forschen, zu schreiben und über die Umwelt und die Natur zu sprechen. Dennoch saß ich jetzt mit Mitte dreißig den Großteil meiner Zeit in Innenräumen ab – auf einen Computerbildschirm starrend. Irgendetwas musste sich ändern!

Zu dieser Zeit lebte ich in der Schweiz in der Nähe der wunderschönen Stadt Lausanne. Ich war dort mit meinem Freund hingezogen, nachdem wir sechs Jahre lang in East Anglia gelebt hatten. Zuerst fühlte es sich an, als hätten wir im Lotto gewonnen. Wir gingen jedes Wochenende Skifahren und aßen Unmengen von Käse und Schokolade. Die Schokolade war unglaublich gut! Aber leider währte unsere sorglose Zeit im Ausland nicht lang.

Bei der Mutter meines künftigen Ehemanns wurde eine aggressive Krebsart diagnostiziert, sie starb fünf Tage vor unserer Hochzeit. Unser Sohn kam zu früh zur Welt und hatte Schlafprobleme. Und dann starb unerwartet mein geliebter und äußerlich so kerngesund wirkender Vater. Kurz darauf erfuhr ich, dass ich an Endometriose litt und es sehr unwahrscheinlich war, dass ich weitere Kinder bekommen konnte.

Eine Schweizer Großmutter, die ich kannte, beschrieb diese Jahre in weisen Worten als *le fin de l'insouciance* (das Ende der Sorglosigkeit). Ehrlich gesagt fühlte es sich eher an, als hätte mich eine Lawine überrollt. Ich war psychisch und körperlich erschöpft. Da ich beruflich ohnehin in der Zwickmühle steckte und auch keine passende Kinderbetreuung in Aussicht hatte, beschloss ich, eine Pause einzulegen und mich um meinen Sohn zu kümmern.

Rückblickend war es ein Glücksfall, dass er nur im Freien Nickerchen hielt, selbst bei minus zehn Grad. Auf diese Weise hatte ich stets genügend frische Luft. Aber man kann auch nicht permanent allein auf Parkbänken herumsitzen, ohne sich irgendwann einsam zu fühlen. Ich hatte kein soziales Netzwerk, war zu introvertiert, um mich der Expats-Szene anzuschließen, und mein Mann war immer wieder beruflich unterwegs. Man musste kein Genie sein, um zu erkennen, dass bei mir ein erhöhtes Depressionsrisiko bestand – eine Krankheit, die meine erweiterte Familie maßgeblich geprägt hatte. Ich wusste, dass ich irgendwie allein klarkommen, meine Resilienz stärken und die Abwärtsspirale stoppen musste.

Anfangs starrte ich Ewigkeiten auf mein Telefon und versuchte, das Taubheitsgefühl irgendwie zu betäuben. Aber eines Tages kaufte ich mir aus einer kreativen Laune heraus ein Skizzenbuch und einen dieser Druckbleistifte mit Klickfunktion. Ich wusste, dass kreative Tätigkeiten guttaten, und erinnerte mich, wie sehr ich Kunst als Kind geliebt hatte, ehe ich in die akademischen Mühlen geraten war.

Meine Zeichnungen waren zögerlich, zittrig und unvollständig. Aber das störte mich nicht, schließlich hatte ich nicht vor, sie jemandem zu zeigen. Im Zeichnen konnte ich völlig versinken und mich deswegen richtig entspannen. Es heiterte mich auf und beruhigte meine angstvollen, rasenden Gedanken – hauptsächlich deswegen, weil es beim Zeichnen unmöglich war, sich über andere Dinge den Kopf zu zerbrechen oder sich Sorgen zu machen. Je mehr ich skizzierte, desto mehr wurde ich mir der Fülle natürlicher Schönheit in meinem Leben bewusst; einer Schönheit, die mir vorher nie aufgefallen war: auf dem Wasser tanzende Schatten; das rote Eichhörnchen bei den Wertstofftonnen; die Schneegrenze, die sich um die Berge schlängelte. Das Zeichnen holte mich buchstäblich heraus aus meinem Kopf und hinein in die Außenwelt.

Als ich mich noch mehr auf meine Umgebung einzulassen begann, nahm ich das Wetter deutlicher wahr, den Gesang der Vögel, den Wechsel der Jahreszeiten. Ich war nicht länger in meinem Kopf gefangen, sondern suchte stattdessen nach Dingen, die ich zeichnen konnte. Das Zeichnen hatte mich also in eine Freudenentdeckerin verwandelt!

Die Schönheit der Natur verlieh mir so viel Schwung und Energie, dass ich es als Zeichen deutete: Scheinbar *sollte* ich ein kreativeres Leben führen. Trotz meiner drei Abschlüsse in Geografie und Umweltwissenschaften hatte es mich immer mehr interessiert, wie Natur aussah, weniger, wie sie funktionierte. Ein etwas peinliches Geheimnis, das ich immer für mich behalten hatte – aus Angst, man könne mich deswegen nicht mehr für eine echte Wissenschaftlerin halten. Ich war in einer Familie aufgewachsen, in der Wissen und Logik hochgeschätzt und Gefühle nie diskutiert wurden. Aber Wissen und Logik hatten mir keinen Trost gespendet, als mein Leben plötzlich aus den Fugen geriet. Die Kombination aus Schönheit und Kreativität war hingegen Balsam für meine Seele gewesen. Ich gab meiner beruflichen Laufbahn also eine neue Richtung und wurde eine Künstlerin, die erbauliche, von der Natur inspirierte Designs entwarf. Es war die waghalsigste und mutigste Entscheidung, die ich je getroffen hatte.

Allerdings konnte ich mein Wissenschaftlerinnenhirn nicht lange ausschalten. Schon bald fand ich heraus, dass ich kein künstlerisches Erweckungserlebnis gehabt hatte, sondern einfach glücklich war, wieder in Kontakt mit der Natur zu sein. Und wie sich herausstellen sollte, war meine Erfahrung keineswegs einzigartig.

Neuere Studien zum Thema Naturverbundenheit belegen, dass Menschen viel intensiver und emotionaler auf die Schönheit der Natur reagieren als auf Fakten und Zahlen. Sie berührt unsere Herzen, nicht unsere Köpfe. Unsere emotionale Reaktion auf die natürliche Ästhetik ist ein zentraler Aspekt unserer Naturverbundenheit und nichts, wofür man sich schämen müsste.

Beim Zeichnen meiner Umgebung war ich schlicht über ein mächtiges Werkzeug gestolpert, mit dem ich Kontakt zur Natur aufnehmen konnte. Ein einfaches, günstiges und vor allem für jede(n) geeignetes Werkzeug!

In einem glücklichen Moment der Klarheit sah ich plötzlich wieder einen Sinn in dem, was ich tat. Das hatte mir jahrelang gefehlt. Angesichts des Klimawandels, des katastrophalen Rückgangs der Artenvielfalt und einer persönlichen psychischen Krise wurde mir klar, dass es dringend notwendig war – und ist –, Menschen einen effektiven Weg aufzuzeigen, wieder Kontakt mit der Natur aufzunehmen. Und jetzt wusste ich endlich, wie ich dabei helfen konnte. Ich musste nur eine Methode finden, die das Zeichnen von

Natur zugänglicher und weniger einschüchternd machte. Denn der Großteil der Erwachsenen und leider auch der Kinder ist überzeugt, nicht zeichnen zu können. Wenn ich das Zeichnen als ein Tool bekannt machen wollte, das guttat und mit dem man Kontakt zur Natur aufnehmen konnte, dann musste ich den Irrglauben, die Sorgen und Zweifel aus dem Weg räumen, die so viele von uns fest im Griff haben: sowohl was ihr Talent als auch was die Zeit und die Fähigkeiten betrifft, die man zum Zeichnen der Natur braucht.

Als ich selbst mit dem Zeichnen anfing, bekam ich nirgends Informationen oder Unterstützung, was die ungezwungene, heilsame und perfekt-unperfekte Art des Zeichnens anging, die mir vorschwebte. Ich wollte keine Zeichenkurse in geschlossenen Räumen besuchen und fand die meisten Ratgeber zu ernst, zu kompliziert oder zu »urban«. In der Regel fühlte ich mich unzulänglich oder entmutigt, nachdem ich sie gelesen hatte.

Ich fand schlicht und ergreifend nicht das, was ich brauchte. Also entwickelte ich, aufbauend auf meiner eigenen Erfahrung als extrem selbstkritische, autodidaktische Künstlerin, in Kombination mit den neuesten Forschungsergebnissen zum Thema Naturverbundenheit und Wohlbefinden einen neuen Ansatz für das Zeichnen von Natur: das sogenannte Greensketching, bei dem es mehr um die Freude am Beobachten als um das Kreieren perfekter Bilder geht. Es vereint die Vorzüge der Naturverbundenheit, der Achtsamkeit und der Kreativität in einer simplen Tätigkeit.

Heute lebe ich am Rande des Peak District in Großbritannien und habe inzwischen Hunderten von Erwachsenen und Kindern geholfen, die Magie der Entschleunigung, des Wahrnehmens und Zeichnens der Natur zu

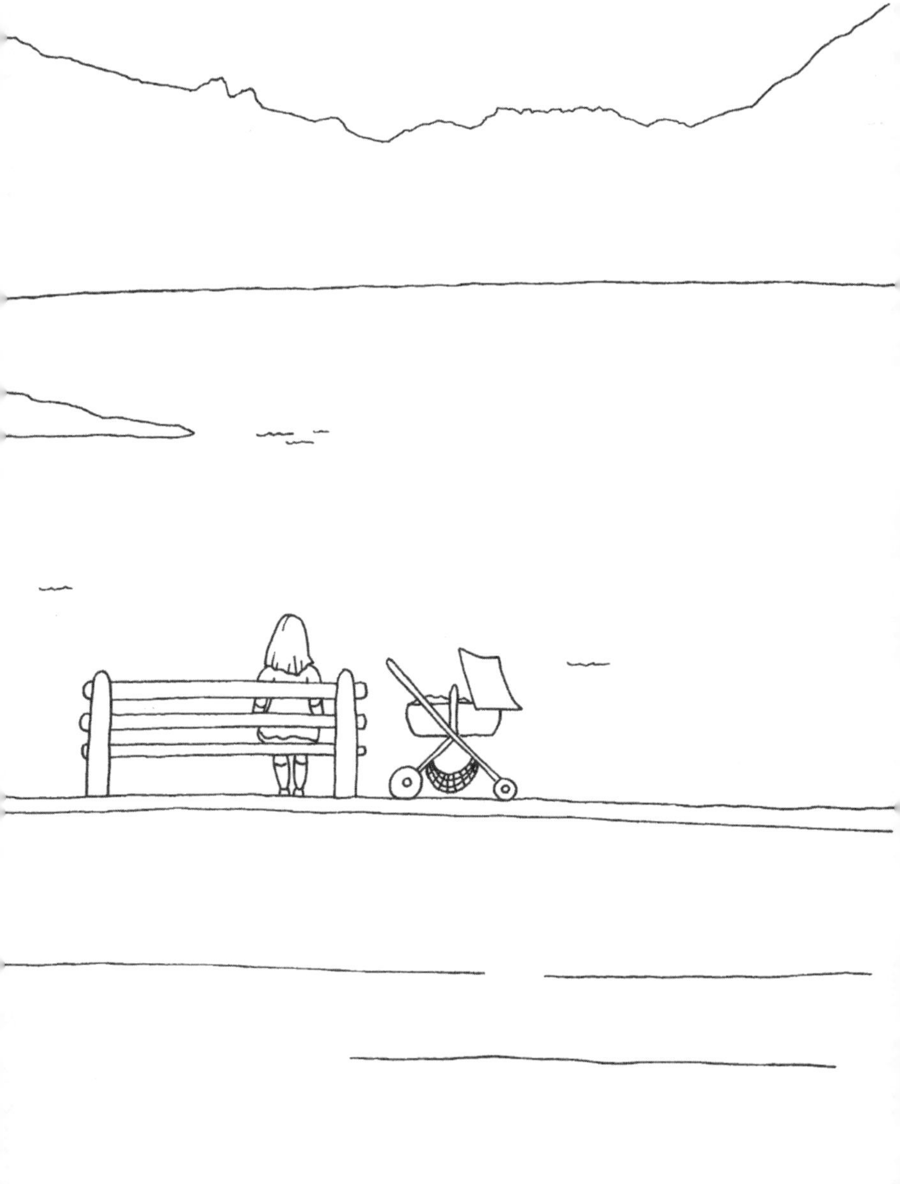

entdecken – und viele von ihnen waren vorher vollkommen überzeugt, sie könnten nicht zeichnen! Ich habe leidenschaftlichen Wanderern und eingefleischten Städtern geholfen; erschöpften Müttern und Einsamen, die sich nicht gesehen fühlen. Ich habe mit ängstlichen Kindern, kurz vor dem Burn-out stehenden Berufstätigen und ausgebrannten Wissenschaftlern zusammengearbeitet, die auf das Flüstern der Kreativität reagiert haben. Mittlerweile ist das Greensketching zu einer kleinen, aber schnell wachsenden Kunstbewegung geworden und hat Fans und Botschafter auf der ganzen Welt. Und ich freue mich riesig darüber, euch mit diesem Buch an dem teilhaben zu lassen, was ich gelernt habe.

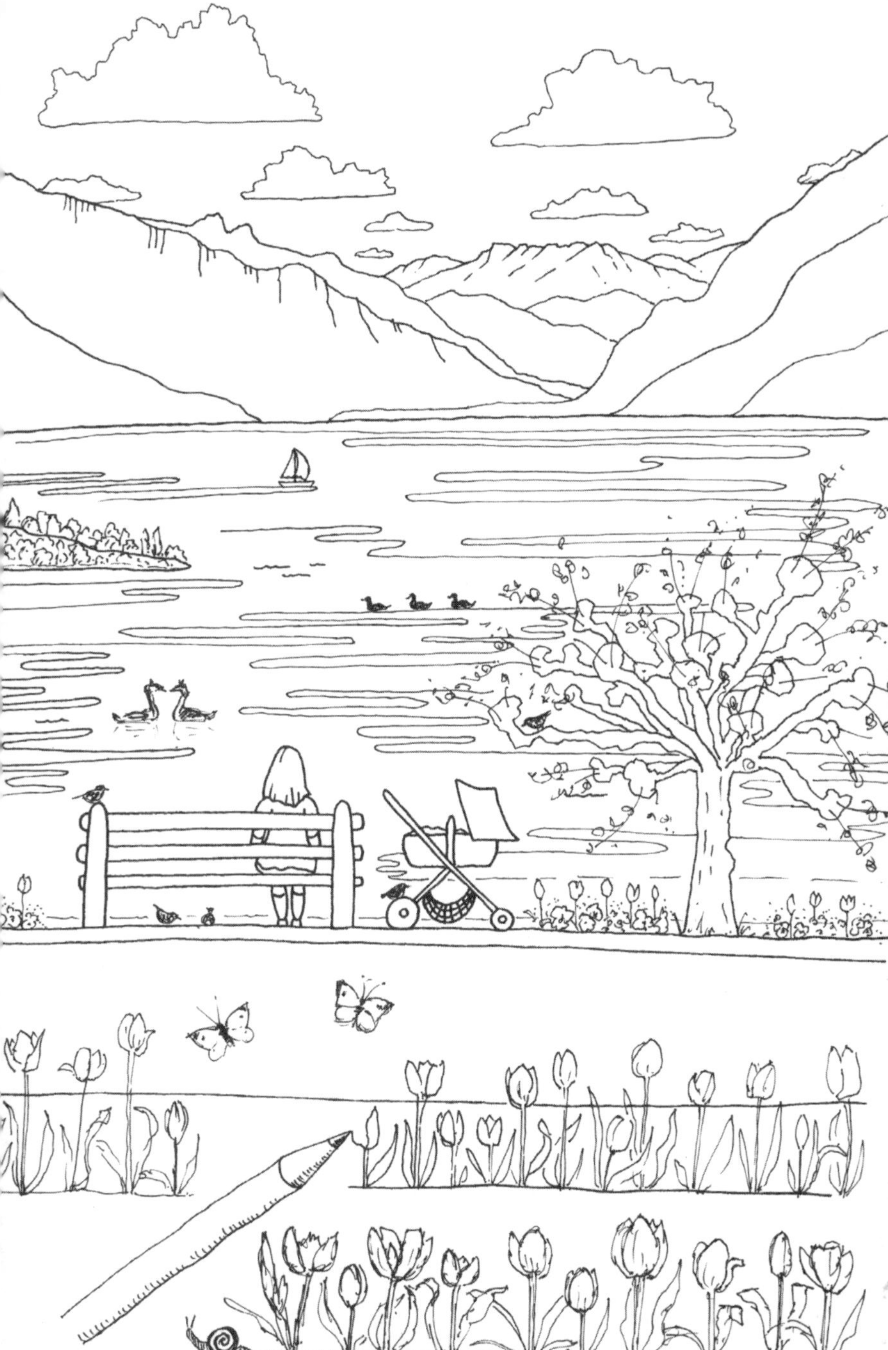

WIE BENUTZT DU DIESES BUCH?

Das Greensketching-Buch ist ein praktischer, benutzerfreundlicher Leitfaden. Du wirst aber schon bald merken, dass es sich nicht um ein traditionelles Zeichenbuch handelt. Es gibt keine Regeln oder Schritt-für-Schritt-Anleitungen. Ich werde dir auch nicht beibringen, wie man einen Vogel korrekt zeichnet, dafür gibt es ja bereits Hunderte von technischen Zeichenmanuals. Nein, dieses Buch ist anders. Es lädt dazu ein, das Zeichnen auf eine ganz neue Weise zu betrachten. Nicht als künstlerische Praxis, sondern als ein Hilfsmittel, um die Schönheit der Natur auf ganz eigene Art zu sehen, zu genießen und wertzuschätzen – für das eigene Wohlbefinden. Vor dir liegt also eine praktische Anleitung, die dir dabei hilft, ein Freudenentdecker zu werden!

Natürlich ist es kein Pappenstiel, den lebenslangen Zweifel am eigenen Zeichentalent abzulegen. Ich will dich trotzdem davon überzeugen, das Gefühl von Unbeholfenheit und Enttäuschung über Bord zu werfen, das sich einstellt, wenn deine ersten Zeichenversuche deine Erwartungen nicht ganz erfüllen. Glaub mir, das kenne ich! Deswegen habe ich dieses Buch so gestaltet, dass sich deine Einstellung Schritt für Schritt ändert: Es motiviert dich, stärkt dein Selbstvertrauen und hilft dir, eine kontinuierliche Zeichenroutine aufzubauen.

Im ersten Teil des Buchs geht es um unsere vernachlässigte oder missverstandene Beziehung zur Natur. Ich erkläre, warum es unserer Psyche kurz- und langfristig so guttut, die Natur zu zeichnen – und wie genau uns diese Tätigkeit dabei unterstützt, mit ihr in Verbindung zu treten. Das Buch hilft zu verstehen, warum uns etwas wohltut, besonders, wenn wir etwas Neues beginnen. Ich erkläre, warum Zeichnen so gut gegen rasende, ängstliche Gedanken wirkt und warum der Anblick natürlicher Schönheit positive Emotionen im Gehirn auslösen kann, die uns trösten, beruhigen, erstaunen und begeistern.

Du hast bisher noch nie versucht, zu zeichnen, oder aber hast es ausprobiert und wieder aufgegeben? In diesem Buch erkläre ich dir, woran das gelegen haben könnte (mit einem Mangel an Talent hat es nichts zu tun) und warum das Greensketching viel versöhnlicher ist und mehr Spaß macht.

Wer lernt, seine perfekt-unperfekten Kritzeleien zu akzeptieren, dem gelingt dasselbe mit seiner perfekt-unperfekten Persönlichkeit.

Der zweite Teil des Buchs hilft dir, mit dem Greensketching loszulegen. Setz dich unter einen Baum, schnapp dir einen Stift und zeichne! Ich führe dich durch eine Reihe von bestechend einfachen Übungen, die deinen Blick auf die Welt verändern, dein Selbstbewusstsein stärken und mit deren Hilfe du Überforderung oder Frust vermeiden kannst. Du wirst lernen, faszinierende Details, beeindruckende Landschaften und atemberaubende Farbkombinationen zu entdecken.

Der dritte und letzte Teil des Buchs zeigt dir, wie du das Greensketching in deinen Alltag integrieren kannst. Ich bringe dir bei, wie du die Kinder in deinem Leben zum Zeichnen ermuntern und die neuesten verhaltenswissenschaftlichen Erkenntnisse für deinen Zeichenalltag nutzen kannst. Ich erkläre dir, wie du eine Greensketching-

Routine aufbaust, mit der du deine Resilienz stärken und verhindern kannst, dass sich Sorgen und Niedergeschlagenheit zu größeren Problemen auswachsen.

Dieses Buch habe ich für dich geschrieben. Ich möchte dich motivieren, anleiten und ermutigen, die Schönheit der Natur wahrzunehmen, zu zeichnen und wertzuschätzen: auf deine eigene Art und für dein eigenes Wohlbefinden. Wenn du dieses Buch gelesen hast, wird dir die Welt völlig anders erscheinen. Du wirst sehen, wie viel Freude und Schönheit dein Leben bereits enthält, Freude und Schönheit, die weder dich noch den Planeten etwas kosten. Du wirst wissen, wie du Freude und Ruhe finden kannst, ganz egal, wo du bist. Und du wirst dich in die Natur um dich herum verlieben – und sie so instinktiv schützen wollen.

TEIL I

MOTIVATION

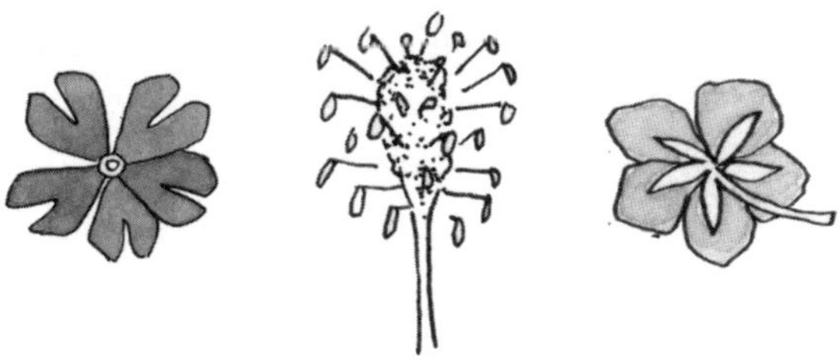

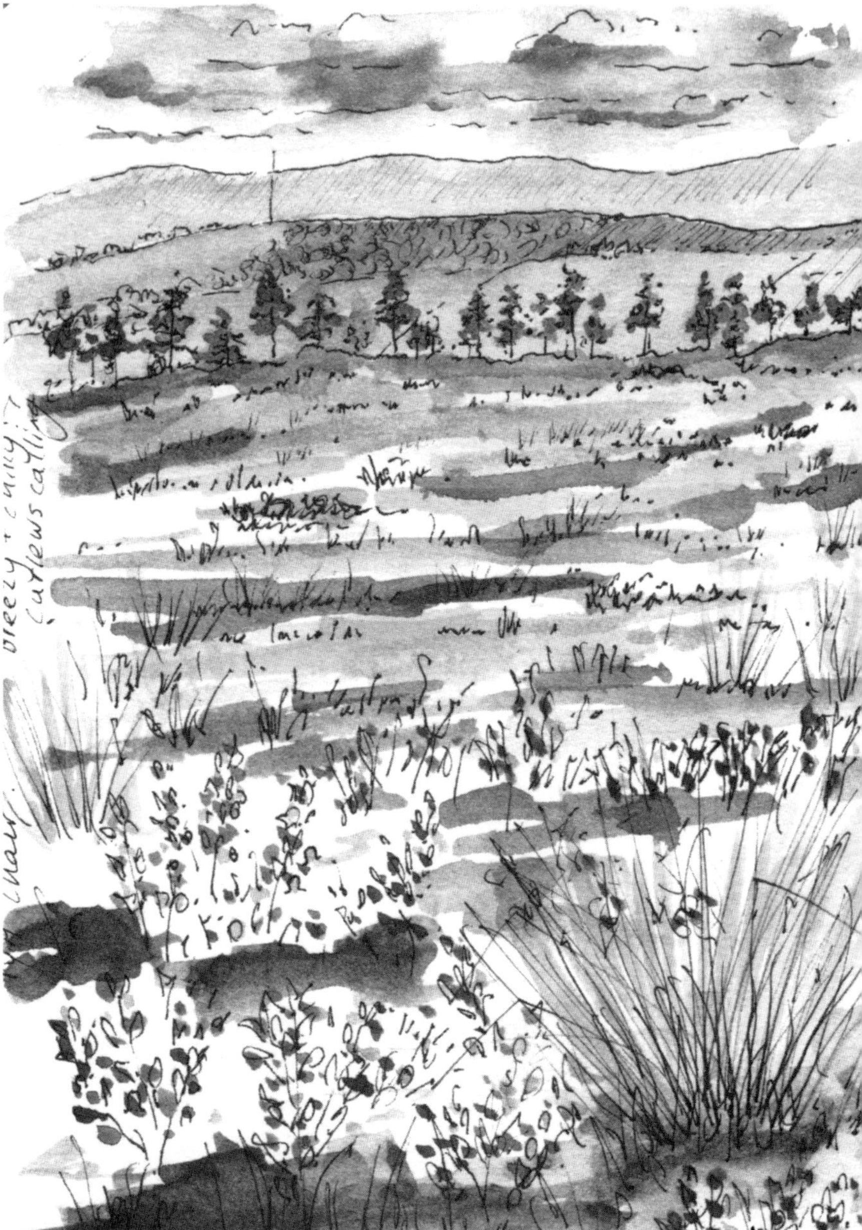

KAPITEL 1

DEINE EINZIGARTIGE BEZIEHUNG ZUR NATUR

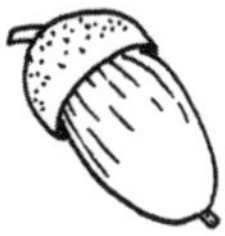

Hätten wir unsere Kindheit nicht auf ihr verbracht, hätten wir die Erde nie so lieben können.

George Eliot, *Die Mühle am Floss*

Was kommt dir in den Sinn, wenn du das Wort »Natur« hörst? Das Rotkehlchen in deinem Garten von heute Morgen oder die Waldbrände, um die es gestern in den Nachrichten ging? Der Campingurlaub, den du nächsten Monat machen willst, oder der Vogeldreck, den du von deinem Auto entfernen musst? Schreib die ersten Worte auf, die dir einfallen.

Als ich diese Übung zum ersten Mal ausprobierte, dachte ich sofort an Weidekätzchen, Zapfen, Wespen und Mäuse; Torfmoore, Quarz und Herbstlaub; Eisbären und Wiesen voller Hasenglöckchen; Löwenzahn und Zaunkönige; Flüsse, Schnecken und Klimawandel; Blaubeeren und Pinguine. Ich wette, du hast eine ganz andere Liste!

Ein paar der Begriffe auf deiner Liste mögen völlig zufällig gewählt sein, andere aber geben dir einen Hinweis auf die Rolle, die Natur in deinem Leben spielt. In meiner Liste verstecken sich eine lebenslange Phobie, Erinnerungen an den Ort, an dem ich aufgewachsen bin, ein leidenschaftliches Abenteuer, das Lieblingstier meines Sohnes und ungebetene Gäste, die immer wieder in unserer Küche auftauchen (Schnecken und Feldmäuse, falls ihr euch gefragt habt). Es sind Geschichten und Assoziationen, Erinnerungen und Gefühle.

Wir haben alle eine unterschiedliche Beziehung zur Natur, die so einzigartig ist wie wir selbst. Sogar in der eigenen Familie ist es unwahrscheinlich, dass alle dieselben Überzeugungen, Interessen und Sorgen in Bezug auf die Umwelt teilen. Es kann sein, dass du dich wahnsinnig für den

Klimawandel interessierst, während dein Bruder das für einen Haufen grünen Schwachsinn hält. Dein Vater könnte ein passionierter Gärtner sein, während du noch nie irgendetwas zum Wachsen gebracht hast – außer vielleicht den Schimmel am Boden deiner Kaffeetasse.

DEINE NATURGESCHICHTE

Warum ist manchen die Natur so wichtig, während andere ein distanziertes Verhältnis zu ihr haben oder widersprüchliche Gefühle hegen? Es hängt stark damit zusammen, wo du aufgewachsen bist und als Kind gespielt hast. Welche Art von Grün in der Umgebung konntest du nutzen? Mochten deine Eltern die Natur? Wie sah es in der Schule aus? Hattest du einen inspirierenden Geografielehrer oder hast mal einen denkwürdigen Schulausflug gemacht?

Unsere Beziehung zur Natur wird auch von all den unterschiedlichen Orten beeinflusst, die wir kennen und lieben gelernt haben; Orte, mit denen wir uns identifizieren und denen wir uns zugehörig fühlen. Unsere Erfahrungen spielen ebenfalls eine Rolle; sowohl die alltäglichen Interaktionen mit der Natur als auch die einmaligen, atemberaubenden Begegnungen. Wir alle reagieren unterschiedlich auf unsere Umgebung. Je nachdem, welche sensorischen Präferenzen wir haben, ziehen wir heißes oder kaltes Wetter vor, laute oder leise Orte, visuell ruhige oder stimulierende Umgebungen. Unsere Religion, unsere Kultur und unsere politischen Ansichten können ebenfalls beeinflussen, wie wir die Umwelt einschätzen und ihr begegnen.

Was ist deine Naturgeschichte? Nimm dir einen Moment, um darüber nachzudenken, was oder wer bis jetzt den größten Einfluss auf deine Beziehung zur Natur hatte. Die Frage mag dir einfach oder herausfordernd erscheinen. Wenn du Schwierigkeiten damit hast oder merkst, dass du ein furchtbares Verhältnis zur Natur hast, mach dir bitte keine Sorgen deswegen! Es ist nicht deine Schuld. »Auf Natur zu stehen« ist keine erstrebenswerte Lifestyle-Entscheidung, sondern oft eher die Konsequenz aus Privilegien und Glück, aus deinem Geburtsort und den Menschen um dich herum.

So, wie wir nicht alle in einer liebevollen Familie aufwachsen, so wachsen wir eben auch nicht alle umgeben von Natur auf.

GEFÜHLE IM WANDEL

Zum Glück ist es nie zu spät, die große Liebe oder die Natur zu finden. Wenngleich normalerweise die Kindheit unser Verhältnis zur Natur prägt, handelt es sich dabei nicht um eine unveränderliche, statische Beziehung. Es gibt viele Momente in unserem Leben, in denen unser Verhältnis zur Umwelt sich verbessern oder sogar verschlechtern kann: ein Umzug, ein Jobwechsel, Elternschaft, extreme Wetterbedingungen, die Anschaffung eines Smartphones, ein neues Hobby … Dank meiner Kindheit habe ich immer eine Schwäche für alle Arten von Glockenblumen gehabt und nie wissentlich Abfall fallen lassen. Aber dennoch hatte ich die Natur viele Jahre lang nicht auf dem Schirm und meine Priorität war sie schon gar nicht. Und das, obwohl ich zu dieser Zeit über die Umwelt forschte und schrieb.

Wie sieht es bei dir aus? Wie haben sich deine Gefühle in puncto Natur über die Jahre hinweg verändert, vielleicht auch gerade jetzt während der Pandemie? Wie wichtig ist Natur dir heute? Wir halten selten inne, um über unsere Beziehung zur Natur nachzudenken, geschweige denn, um mit unseren Freunden, unserer Familie oder einem Arzt darüber zu sprechen. Und dennoch kann sie einen großen Einfluss auf unsere Gesundheit, unsere Zufriedenheit und unser Wohlbefinden haben.

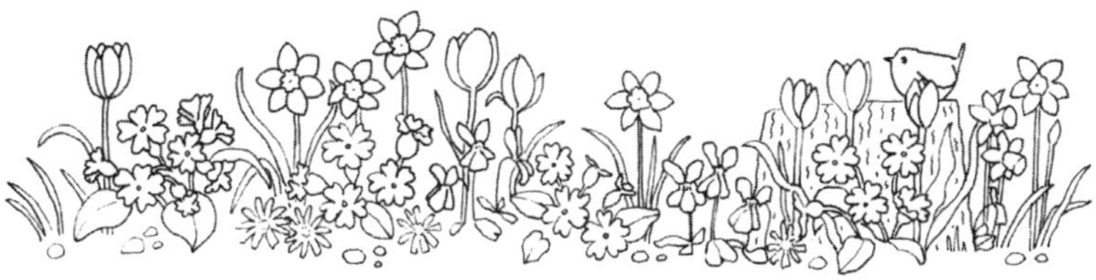

GLÜCKLICH UND GESUND

Denk mal drüber nach, wo du dich am ruhigsten und entspanntesten fühlst. Wo ist dein »Happy Place«? Mal abgesehen von einer Freundin, die mir einst gestanden hat, dass ihr Happy Place die Einrichtungsabteilung eines schicken Kaufhauses ist, neigen die meisten von uns dazu, sich einen Ort im Freien vorzustellen, umgeben von Natur. Mein Happy Place liegt oben in den Hügeln, umgeben von Blaubeerbüschen und Baumwollgras, wo ich den Brachvögeln und Feldlerchen lauschen kann. Und was ist mit dir? Stellst du dir einen exotischen Strand vor oder den Garten deiner Großmutter? Vielleicht eine Bergwiese oder das Ufer eines gewundenen Flusses?

Es ist kein Zufall, dass wir uns häufig diese wilden und schönen Orte als geistige Zuflucht suchen. Immer mehr Studien belegen, dass die Natur einen beruhigenden, entspannenden Einfluss auf unseren Geist und unseren Körper hat. Wir wissen alle, dass frische Luft uns guttut. Aber zahlreiche Studien[1] haben ergeben, dass Zeit in der Natur sogar messbare gesundheitliche Vorteile mit sich bringen kann.

Dazu gehören:

- Ein stärkeres Immunsystem
- Schnellere Heilungsprozesse
- Reduzierte Stresssymptome (niedrigere Herzfrequenz und niedrigere Werte des Stresshormons Cortisol)
- Reduzierte Angst- und Depressionssymptome
- Weniger Atemwegserkrankungen
- Weniger Bluthochdruck
- Ein besseres Gedächtnis
- Ein höherer Vitamin-D-Spiegel
- Vermindertes Auftreten jahreszeitlich bedingter Depressionen
- Verbesserte Konzentrationsfähigkeit
- Höhere Geburtsgewichte
- … und als wäre das nicht genug, wird auch noch die Gesamtsterblichkeit reduziert!

Die Natur ist natürlich kein Allheilmittel und auch kein Ersatz für die Schulmedizin, dennoch ist die Datenlage bestechend. Gesundheitsdienstleister in Großbritannien beginnen inzwischen, ihren Patienten sogenannte Green Prescriptions anzubieten – »grüne Rezepte«, die die Patienten zu Aktivitäten in der Natur animieren sollen. Es gibt zahlreiche Erklärungen dafür, warum uns der Aufenthalt im Freien so guttut – von der erhöhten Dosis an freundlichen Bakterien und Sonnenlicht, der unser Körper in der Natur ausgesetzt ist, über die verminderte Belastung durch Luft- und Lärmverschmutzung bis hin zu mehr Bewegung und sozialer Interaktion.

Bleibt die Frage, wie viel Zeit wir der Gesundheit zuliebe optimalerweise in der Natur verbringen sollten: ein paar Minuten Alltagsnatur täglich oder ab und zu eine ganze Woche in der Wildnis? Wahrscheinlich beides. Dennoch ist die Zeit, die wir im Freien verbringen, nur ein Teil der Gleichung. Es ist unser Verhältnis zur Natur, das sich maßgeblich auf unsere Zufriedenheit und unser Wohlbefinden auswirkt.

Tatsächlich beeinflusst diese Beziehung unseren Zustand sogar mehr als unser Einkommen, unser Beziehungsstatus oder unsere Bildung (und wir wissen alle, wie oft wir uns darüber den Kopf zerbrechen!). Wissenschaftler haben herausgefunden, dass wir umso glücklicher und zufriedener mit unserem Leben sind, je besser unsere Verbindung zur Natur ist. Wir sind vitaler, unsere Selbstakzeptanz ist höher, wir erleben ein persönliches Wachstum[2] und leiden weniger an geistiger Erschöpfung. Anders gesagt: Es ist wahrscheinlicher, dass wir in unserem Leben aufblühen. Und unsere Kinder genauso. Studien haben gezeigt, dass Naturverbundenheit ihr Selbstbewusstsein, ihre Kreativität und ihre Konzentrationsfähigkeit stärkt.[3] Sie spielen auch mehr, gehen Risiken ein und sind belastbarer.[4]

AUSEINANDERGEWACHSEN

Eine enge Verbindung zur Natur ist definitiv gut für unsere Gesundheit und unser Wohlbefinden. Dennoch waren die meisten Menschen noch nie so entkoppelt von der Natur wie heute. Denk nur mal drüber nach, wie viel Zeit deines Lebens du drinnen hockst und auf einen Bildschirm starrst. Der Blick auf die wöchentliche Bildschirmzeit kann ziemlich ernüchternd sein! Häufig wissen wir sogar, dass unser moderner Lebensstil nicht gesund ist oder uns nicht glücklich macht, sind aber zu überfordert oder erschöpft, um etwas dagegen zu unternehmen. Fettleibigkeit und psychische Probleme treten immer häufiger auf – Probleme, die die Covid-19-Pandemie noch deutlicher gemacht und verschlimmert hat. Und trotz all der unheimlichen Schlagzeilen, der evidenzbasierten Forschungsberichte, NGO-Kampagnen und Bemühungen David Attenboroughs zerstören wir unseren kostbaren Planeten immer weiter.

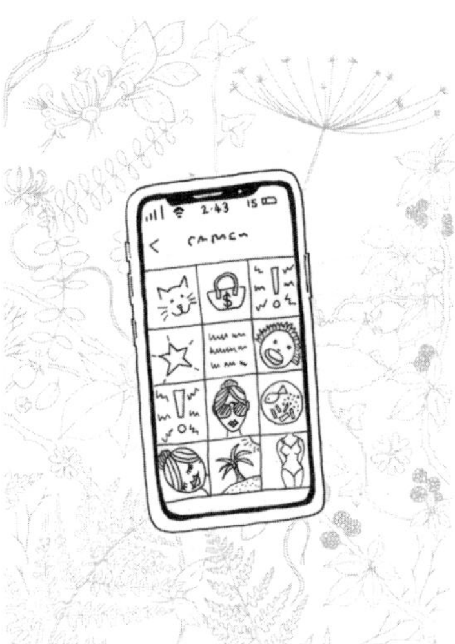

Die Liste von Umweltkatastrophen ist beängstigend: Verlust der Artenvielfalt, Klimawandel, Ozeanversauerung, Bodenerosion … Dennoch scheitern wir Jahr für Jahr daran, unseren Erkenntnissen und Sorgen entsprechend zu handeln. Warum tun wir nichts?! Das liegt daran, dass vielen von uns die Probleme so überwältigend erscheinen und Naturkatastrophen oft (noch) in weit entfernten Regionen stattfinden, dass sie uns nicht unmittelbar zu bedrohen scheinen. Da ist es viel einfacher, den Kopf in den Sand zu stecken und darauf zu hoffen, dass unsere Regierungen, Forscher und unsere künftigen Ichs es schon irgendwie hinbekommen werden. Und wenn die Sache zu unheimlich und deprimierend wird, lenken wir uns ab, indem wir uns durch unsere Social-Media-Accounts scrollen, einen coolen Urlaub buchen oder uns mit einer »Shoppingtherapie« trösten.

ZUSAMMENFINDEN

Wie können wir diese Abwärtsspirale durchbrechen und unsere Beziehung zur Natur wieder verbessern? Ich glaube nicht, dass wir auf weitere Erkenntnisse oder Informationen warten müssen. Ich gebe auch zu, dass ich keine akademischen Abhandlungen oder Nachrichten über den Klimawandel mit beängstigenden Überschriften mehr lese. Sie machen mich nur wütend und traurig. Natürlich ist die Wissenschaft überlebenswichtig, besonders für die Regierungen, die Industrie und die Behörden, aber sie ändert unser alltägliches Verhalten nicht. Was wirklich eine Rolle spielt, ist unser Gefühl der Natur gegenüber, nicht unser Wissen. Die Natur ist unseren Herzen wichtig, nicht unseren Köpfen. Und je mehr wir sie lieben, desto mehr kümmern wir uns um sie. Mittlerweile gibt es überzeugende Belege dafür, dass wir umso eher umweltfreundliche Verhaltensweisen und einen nachhaltigen Lebensstil annehmen, je stärker wir uns der Natur verbunden fühlen.[5] Ich vermute auch, dass wir weniger zu Frustshopping neigen, wenn die Natur in unserem Leben eine größere Rolle spielt. Dann merken wir nämlich, dass die besten Dinge im Leben nichts kosten!

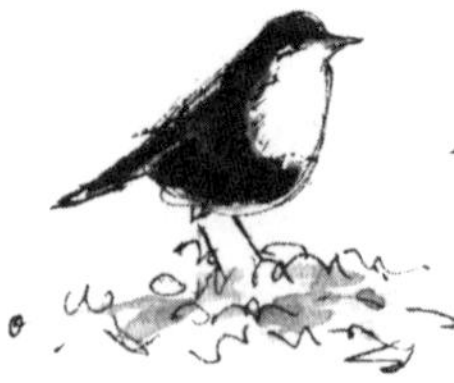

Als sich meine Beziehung zur Natur verbessert hat, habe ich definitiv eine Veränderung meines eigenen Verhaltens bemerkt. Ich lebe viel nachhaltiger als damals, als ich noch als Beraterin für Klimafragen gearbeitet habe: Ich fliege seltener, ernähre mich fast ausschließlich vegetarisch und füttere regelmäßig die Vögel. Außerdem achte ich viel mehr darauf, welche Firmen ich unterstütze, und habe beim Wählen stets die Natur im Sinn. Es gibt immer noch Luft nach oben (ich kaufe nach wie vor zu viel Kram, verschwende zu viel Essen und verwende zu viel Plastik), aber ich gebe mein Bestes und lebe Tag für Tag umweltbewusster.

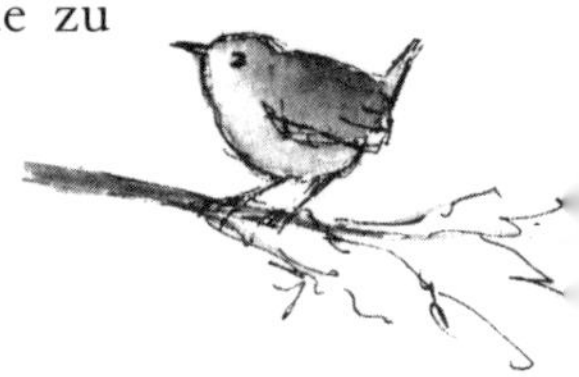

AUGENÖFFNER

Wie funktioniert das also mit der heilsamen, aufrichtigen Beziehung zur Natur? Forschungsergebnisse belegen, dass wir stets dann eine Verbindung zu ihr aufbauen, wenn uns Schönheit begegnet, wenn sie Freude oder Dankbarkeit in uns auslöst oder uns zum Staunen bringt – und wenn wir einen Sinn in ihr entdecken.[6] Wir müssen uns auf diese Gefühle einlassen. Auf die feinen Signale unserer Herzen und auf unser Bauchgefühl. Auf unsere Vorstellungskraft. Wir müssen mehr darauf achten, wie wir uns in der Natur fühlen.

Tatsächlich gibt es viele Arten, im Freien Bedeutung und Wunder zu entdecken. Mehr und mehr Menschen bauen ihr eigenes Essen an und ernähren sich pflanzenbasiert. Wandern und Schwimmen in natürlichen Gewässern war nie beliebter. Aber wenn wir etwas gegen die Notlage der Erde tun wollen, muss die Verbindung zur Natur so einfach, zugänglich und günstig wie möglich herstellbar sein. Es muss etwas sein, das wir alle tun können! Schließlich hat nicht jeder einen Garten oder die Zeit, an schöne Orte zu fahren. Genauso wenig haben alle von uns Geld übrig für eine spezielle Ausrüstung oder Gartengeräte, geschweige denn Lust, Berge zu erklimmen oder in eiskaltem Wasser zu schwimmen.

Und hier kommt die gute Nachricht: Es muss nicht schwer, zeitaufwendig oder teuer sein, wieder in Kontakt mit der Natur zu treten. Freude und Wunder sind leicht zu finden. Wir müssen es nur schaffen, den Blick von unseren Smartphones zu lösen und die ganz alltägliche Natur in unserem Leben wahrzunehmen.[7] Indem du dir angewöhnst, nach Schönheit und Freude Ausschau zu halten, oder eben zum »Freudenentdecker« wirst, wie die Autorin und Freudenexpertin Ingrid Fetell Lee es bezeichnet, wird deine Beziehung zur Natur aufblühen.

Und es ist ein gut gehütetes Geheimnis, dass man etwas am besten sieht, indem man es zeichnet!

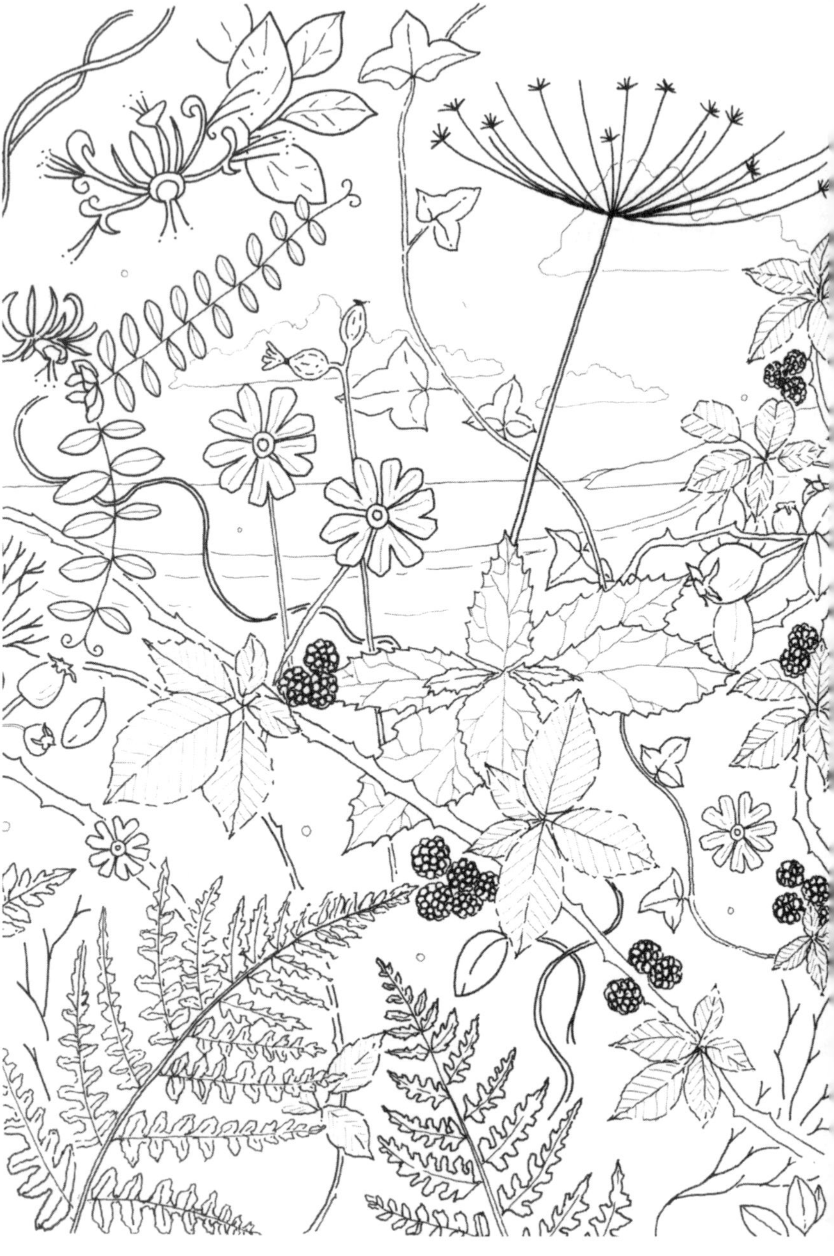

KAPITEL 2

WARUM ES GUTTUT, DIE NATUR ZU ZEICHNEN

Es gibt überall Blumen für den, der sie sehen will.

Henri Matisse, *Jazz*

Es hilft, sich die Sache mit der Suche nach Freude und Schönheit fest vorzunehmen. Natürlich ist es gut möglich, beim Spazierengehen auf etwas Wunderbares zu stoßen; genauso leicht passiert es mir aber, dass ich mich ganz in meinen Gedanken oder einem Podcast verliere. Mir fällt auf, wenn etwas im Sonnenlicht aufblitzt, in der Brise raschelt oder mir über den Weg läuft, aber es gibt auch so vieles, was mir entgeht!

Eine Art, das Freude-Entdecken anzupacken, ist das Fotografieren. Das ist heute einfacher denn je, weil die meisten Smartphones richtig gute Kameras haben. Ich knipse die ganze Zeit, aber es gibt Grenzen. Für die meisten ist ein Foto eine schnelle, passive Handlung, die rasch vergessen ist. Wenn wir etwas Interessantes sehen, schauen wir typischerweise nur lang genug hin, um es zu identifizieren, ehe wir uns die Kamera schnappen. Wir machen eine schnelle Runde Fotos, weil wir ja wissen, dass wir später entscheiden können, welche wir aufheben (nicht ohne Grund nennt man diese Bilder »Schnappschüsse«). Wir verbringen viel mehr Zeit mit den Fotos, wenn wir wieder drin sind, um die Belichtung anzupassen, Filter anzuwenden und dafür zu sorgen, dass sie auf unseren Social-Media-Accounts gut aussehen.

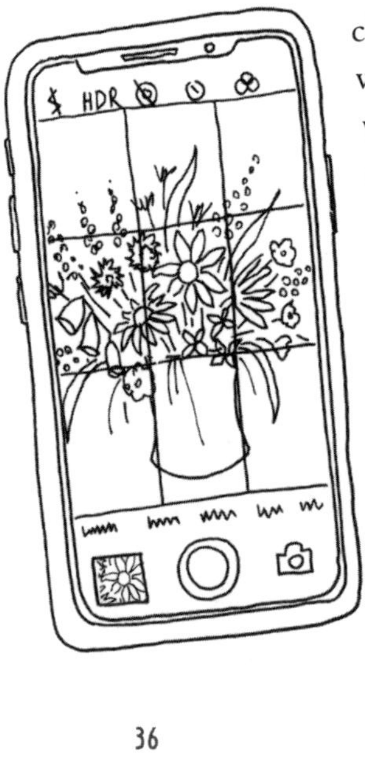

Passionierte Fotografen lassen sich viel stärker auf die Natur ein, wenn sie ein sorgsam komponiertes Foto schießen. Aber auch hier kann die Kamera immer noch wie eine Barriere zur Natur wirken, wenn es in erster Linie darum geht, die Komposition, das Licht oder die Bildschärfe optimal hinzukriegen, anstatt das Motiv selbst zu genießen. Das Resultat, ein gutes Foto, ist immer wichtiger als das Beobachten selbst.

Ich weiß nicht, wie viele Fotos du jedes Jahr machst, aber ich habe Tausende auf meinem Telefon gespeichert. Weltweite Statistiken deuten darauf hin, dass ich damit nicht allein bin: Im Jahr 2020 haben wir Menschen offenbar 1,4 Trillionen Fotos gemacht (87 Prozent davon mit unseren Smartphones), eine Zahl, die von Jahr zu Jahr zunimmt.[8] Warum schießen wir so viele Bilder? Ich schätze mal, das kommt zum einen daher, dass es so kinderleicht ist. Aber es liegt auch an unserem zunehmend zwanghaften Bedürfnis, jeden besonderen Moment in unserem Leben festzuhalten und uns daran zu erinnern. Vielleicht, weil wir alle so »busy« und hektisch sind, dass wir nichts vergessen wollen. Ironischerweise legt die Forschung aber nahe, dass wir unseren Erfahrungen weniger Aufmerksamkeit schenken und uns dementsprechend schlechter an sie erinnern, wenn wir sie auf Fotos bannen[9]. Das ist eigentlich nicht überraschend; schließlich haben wir alle schon Menschen gesehen, die einen Sonnenuntergang, ein Tier oder einen Vogel fotografieren, anstatt mit den eigenen Augen zuzusehen und den besonderen Moment in vollen Zügen zu genießen.

Wie können wir also bewusst auf Freudenentdeckungsreise gehen, ohne noch mehr Fotos zu schießen? Wie können wir besondere Momente abspeichern, ohne unser Smartphone zu zücken? Die Lösung ist überraschend einfach: Wir können uns zum Beispiel unter einen Baum setzen, einen Stift schnappen und zeichnen, was wir sehen. Man nennt das »beobachtendes Zeichnen« (im Gegensatz zum Zeichnen aus dem Gedächtnis oder nach reiner Vorstellungskraft). Wenn du etwas zeichnest, das du beobachtest, dann gibt es eine bestimmte Abfolge von Schritten, einen Prozess. Du siehst dir das Motiv an, hältst inne, machst eine Markierung auf dem Papier, pausierst erneut, siehst wieder hin, machst eine weitere Markierung und so weiter. Es ist ein faszinierender Tanz zwischen der Hand, den Augen und dem Gehirn. Jeder Strich, den du machst, verkörpert eine weitere Beobachtung. Selbst für die gröbste, schnellste Zeichnung braucht es mehrere Beobachtungen. Vergleich das mal mit dem Fotografieren mit dem Smartphone. Da gucken wir in der Regel nur ein- oder zweimal auf unser Motiv (um den Fokus, die Belichtung oder die Komposition zu überprüfen), ehe wir abdrücken.

Deswegen ist das Zeichnen ein so wirkungsvolles Beobachtungsinstrument, ein Werkzeug, das total unterschätzt ist. Ich bin über viele dieser Vorteile gestolpert, als ich mit dem Zeichnen begonnen habe, und je mehr ich mich darauf eingelassen habe, desto mehr habe ich entdeckt! Hier kommen also, ohne spezielle Reihenfolge, zehn Gründe, das Zeichnen zu lieben.

GRÜNDE, DAS ZEICHNEN ZU LIEBEN

1. **Wer die Natur zeichnet, sieht mehr**
   Eine Zeichnung ist viel mehr als eine Kritzelei. Sie hilft uns, Details zu entdecken, die uns andernfalls entgangen wären. Dank der Zeichnung sehen wir, was wirklich da ist, und nicht das, was wir zu sehen glauben (das ist stets nützlich im Leben!). Das liegt nicht nur daran,

dass wir aufmerksamer sind; eine Zeichnung ist nicht einfach nur das Resultat unserer Hände, die den Augen folgen. Tatsächlich haben Wissenschaftler herausgefunden, dass der physische Prozess des Zeichnens aktiv beeinflusst, was wir sehen und wahrnehmen. Er verbessert unsere Wahrnehmung der Umgebung und aktiviert das nonverbale, kognitive Denken, das uns hilft, zu kommunizieren und einzuordnen, was wir sehen[10]. Beim Zeichnen können wir die Natur intensiv und aktiv betrachten und uns auf sie einlassen – ein mächtiges Werkzeug, um mit ihr in Verbindung zu treten!

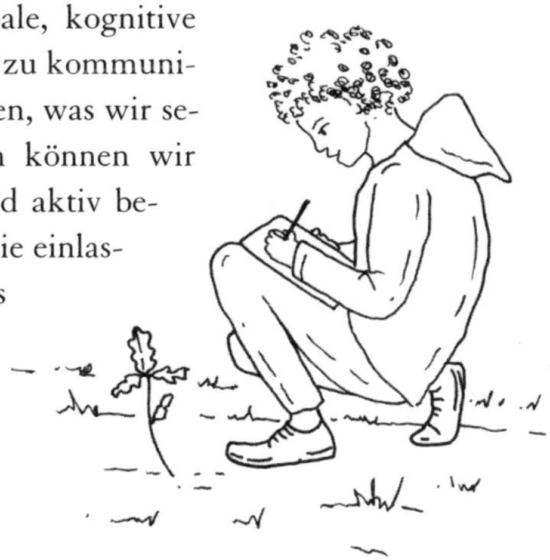

2. **Wer die Natur zeichnet, erinnert sich besser**
Jeder, der regelmäßig zeichnet, wird dir sagen, dass seine Skizzenbücher wertvolle *aide-mémoires* sind. Ich weiß, dass meine Zeichnungen viel lebhaftere Erinnerungen in mir wecken als meine Fotos. Und das ist keineswegs nur eine persönliche Anekdote. Die Wissenschaft hat herausgefunden, dass durch das Zeichnen das Gedächtnis tatsächlich verbessert wird und Menschen aller Altersgruppen dabei unterstützt, Informationen abzurufen und zu verstehen: Schüler[11], Medizinstudenten[12] und Demenzpatienten[13]. Wenn wir etwas zeichnen, erzeugen wir eine visuelle Erinnerung des Bildes, eine kinästhetische Erinnerung unserer Hand, die zeichnet, und eine semantische Erinnerung,

die mit der Bedeutung verbunden ist, die wir mit dem Gezeichneten assoziieren. Diese Kombination stärkt unser Gedächtnis und die Wahrscheinlichkeit, dass wir das Gesehene in der Zukunft abrufen können.[14]

Unsere Erinnerung ist eine
Skizze der Vergangenheit.

Virginia Woolf in ihrem Essay
Skizze der Vergangenheit

3. **Das Zeichnen hilft bei der Entschleunigung**
Im Freien zu sitzen und zu zeichnen gibt uns die seltene Gelegenheit, still und ruhig zu sein. Der physische Prozess des Zeichnens verlangsamt unser Sehvermögen und höchstwahrscheinlich auch unser Nervensystem. Studien haben ergeben, dass die Natur unsere Stressreaktion senken und zu Entspannung führen kann.[15] Selbst eine flüchtige Skizze dauert viel länger als ein schnelles Foto. Das bedeutet, dass wir unmöglich alles zeichnen können und aktiv entscheiden müssen, worauf wir unsere Aufmerksamkeit richten und woran wir uns erinnern. Dadurch hilft uns das Zeichnen, unsere Erfahrungen in der Natur zu ordnen und nur das abzuspeichern, was uns etwas bedeutet. Weniger ist so oft mehr! Es gibt auch Hinweise darauf, dass eine bewegende Erfahrung unser Zeitgefühl verändern kann und uns so den Eindruck vermittelt, wir hätten mehr Zeit zur Verfügung.[16] Es ist also plausibel, dass wir durch die Entschleunigung und das Zeichnen von etwas, das Ehrfurcht in uns auslöst – etwa ein inspirierender Ausblick oder ein komplexes Fraktal –, den Eindruck gewinnen, mehr Zeit zu haben. Ich wette, das wüssten viele von uns sehr zu schätzen!

4. **Das Zeichnen der Natur hilft uns, uns zu konzentrieren und achtsam zu sein**
   Der Zeichenprozess kann uns von unseren Problemen ablenken und helfen, unser hektisches, gestresstes oder ängstliches Gehirn zu beruhigen. Das passiert auf zwei Arten: Zum einen wird unsere Aufmerksamkeit externalisiert und unser Fokus vom Lärm in unserem Kopf auf die Schönheit und den Zauber der Natur um uns herum gelenkt. Zweitens erfordert das Zeichnen eine solch hohe Konzentration, dass der *Default Mode Network (DMN)* unseres Gehirns abgeschaltet wird, die Quelle all unserer Grübeleien, des Zweifelns und der negativen Gedanken, und dafür das *Task Positive Network (TPN)* aktiviert wird – eine Art Flow-Zustand, in dem wir so in unserer Aufgabe versinken, dass es unmöglich ist, über andere Dinge nachzudenken oder sich zu sorgen. Stattdessen sind wir vollkommen in die

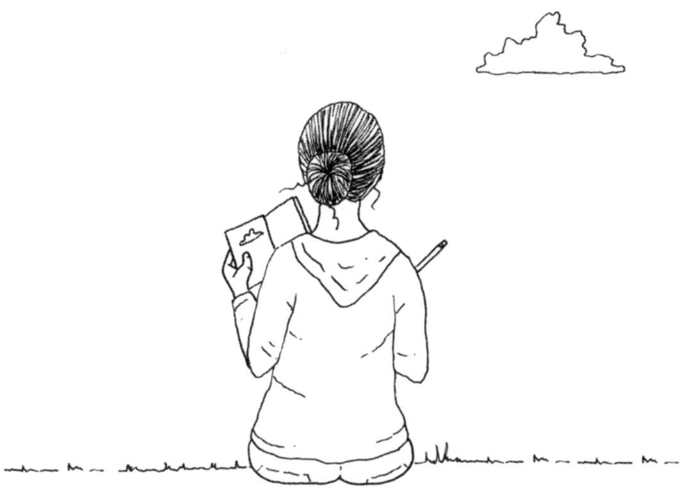

Details vertieft, während unser Stift über das Papier gleitet. Wir nehmen intensiv nicht nur das wahr, was wir sehen, sondern auch das, was wir hören, riechen und fühlen. Das Ergebnis ist eine tiefe Ruhe und ein gesteigertes Bewusstsein für unsere Umgebung. Je mehr wir zeichnen und unser TPN trainieren, desto besser können wir uns konzentrieren und desto achtsamer sind wir. Ich habe es nie geschafft, zu meditieren oder eine andere bewährte Achtsamkeitspraxis auszuüben. Aber ich finde, Zeichnen ist eine lohnende und praktische Alternative.

5. **Die Natur zu zeichnen macht gute Laune**
   Das Zeichnen der Natur tut nicht nur gut, weil es uns hilft, zu entspannen. Es kann auch trösten, beruhigen, uns erstaunen und begeistern. Wenn wir in der Natur etwas Schönes sehen und zeichnen, reagieren wir mit Freude, Neugier oder Ehrfurcht – positiven Emotionen, die eine Ausschüttung von Feel-Good-Neurotransmittern in unserem Gehirn auslösen. Neugier ist zum Beispiel mit einer Ausschüttung von Dopaminen verbunden. Jene »Hui!«-Momente, in denen wir etwas Unerwartetes entdecken oder zeichnen, holen uns aktiv aus einem Stimmungstief heraus und stellen unsere Fähigkeit zu staunen wieder her. Mit der Zeit können wir lernen, wie wir das Zeichnen proaktiv nutzen können, um zu vermeiden, dass unsere Sorgen und Verstimmungen sich in größere Probleme verwandeln. Die Fähigkeit, unsere Stimmung zu festigen oder eine neue Einstellung zu finden, wird immer mehr als ein wichtiger Teil unserer emotionalen Resilienz anerkannt.[17] Dazu mehr in Kapitel 9!

6. **Wer zeichnet, kann den Anblick der Natur und die Vorzüge, die sich daraus ergeben, noch mehr genießen**
Das schlichte Betrachten der Natur tut uns gut. Es kann Stress mindern, die Laune verbessern und die Heilung beschleunigen.[18] Das mag an unserer angeborenen, tröstlichen Verbindung zur Natur liegen, der sogenannten Biophilie-Hypothese.[19] Oder auch an der wunderbar komplexen visuellen Stimulation, die die Natur so oft bietet.[20] Andere Studien haben ergeben, dass die blauen und grünen Wellenlängen des Lichts, die in der Natur so häufig vorkommen, einen beruhigenden und regulierenden Einfluss auf unsere Herzfrequenz, unser autonomes Nervensystem und unseren Tag-Nacht-Rhythmus haben.[21] So oder so ist das Zeichnen ein fantastisches Mittel, die Vorzüge der Naturbetrachtung noch mehr zu genießen und möglicherweise zu intensivieren. Dem Neurowissenschaftler Rick Hanson zufolge ist es umso wahrscheinlicher, dass eine positive Erfahrung Spuren in unserem Gehirn hinterlässt, je länger wir sie uns bewusst machen.[22]

7. **Das Zeichnen stärkt unsere Beziehung zur Natur**
Zeichnen hilft nicht nur dabei, die Natur zu sehen, sondern auch, sich in sie zu verlieben. Indem es dich zum Hinausgehen ermutigt und außerdem verändert, wie du die Welt wahrnimmst, öffnet das Zeichnen auch deinen Blick für die Fülle an Schönheit, Farben und Wundern in deinem Leben, die dir vorher wahrscheinlich nie aufgefallen sind. Das liegt daran, dass du die Dinge, die du zeichnest, mit ganz neuen Augen betrachtest. Eine Skizze offenbart die Schönheit der alltäglichen Natur, die wir sonst für selbstverständlich halten. Sobald du etwas gezeichnet hast, baust du eine

Verbindung dazu auf. Du weißt es zu schätzen und willst es schützen. Je mehr du zeichnest, desto mehr siehst du! Es wird nicht lang dauern, bis du ein unersättlicher Freudenentdecker bist!

8. **Die Natur zu zeichnen erdet**
Es geht nicht immer nur um Freude. Wenn man draußen sitzt und zeichnet, dann erdet das. Es hilft, eine Verbindung zu einem Ort aufzubauen, ganz egal, ob du eine neue Location kennenlernen oder einen vertrauten Ort mit neuen Augen betrachten willst. Und je öfter du deine Umgebung zeichnest, desto mehr bemerkst du den Rhythmus der Natur, den Wechsel der Jahreszeiten, der direkt vor deiner Nase stattfindet. Du siehst die Dinge nicht nur, sondern wirst dir ihrer

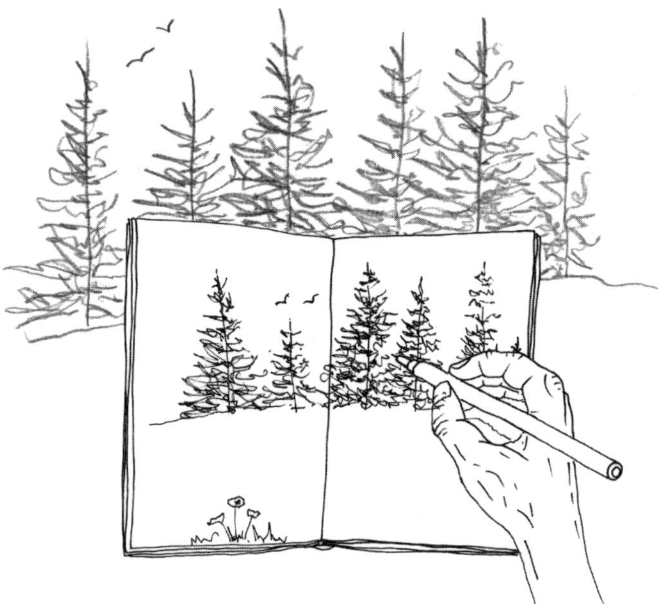

bewusst, *wenn* du sie siehst. Letzten Monat hast du vielleicht noch Knospen gezeichnet, jetzt sind es Blüten. Gestern sind Schatten über den Weg getanzt, heute sind gar keine da. Je besser du einen Ort und all seine schönen Geheimnisse kennenlernst, desto bedeutungsvoller wird er für dich. Studien haben gezeigt, dass Verbundenheit mit einem Ort sowohl unser Wohlbefinden als auch unser umweltbewusstes Verhalten beeinflusst.[23] Besondere Orte tun uns gut und je mehr wir zeichnen, desto mehr besondere Orte erschaffen wir.

9. Die Natur zu zeichnen macht kreativ

Es gibt eine ganze Fülle von Hinweisen darauf, dass kreative Betätigungen gut für unsere Gesundheit und unser Wohlbefinden sind.[24] Sie können uns aufheitern und unsere Stimmung regulieren.[25] Das Tolle am Zeichnen der Natur ist, dass diese kreative Betätigung günstig, zugänglich und für alle Altersstufen und Fähigkeiten geeignet ist – und man braucht nichts außer einem Stift und Papier. Im Vergleich zu anderen Freizeitbeschäftigungen oder Wellnessaktivitäten ist es also ziemlich preiswert. Das Zeichnen kann auch für Menschen, die den Gedanken an »Kreativität« Furcht einflößend finden, zum Impulsgeber für andere kreative Tätigkeiten werden. Wenn du beginnst zu zeichnen, musst du nicht versuchen, etwas zu gestalten, oder deine Vorstellungskraft benutzen; du zeichnest einfach das, was du siehst. Natürlich wirst du schon bald bemerken, dass das Zeichnen viel Raum für kreativen Ausdruck und Experimente bietet, aber zu diesem Zeitpunkt wirst du dieser Beschäftigung ohnehin schon völlig verfallen sein.

10. **Zeichnen hilft dir, mit dir selbst in Kontakt zu treten**
Manchmal ist eine Skizze einfach »nur« eine Skizze. Aber oft offenbart sie viel mehr: einen Moment in unserem Leben oder einen Hinweis darauf, worum es uns geht. Wir sehen und erleben die Natur alle ganz unterschiedlich. Deswegen kann eine kleine Zeichnung mit ein paar Notizen zum aktuellen Gefühlszustand eine Art Sprungbrett in die Selbsterkundung sein. Die positiven Effekte des Tagebuchschreibens und des Erstellens von Dankbarkeitsjournalen sind mittlerweile wissenschaftlich belegt.[26] Ein Skizzenbuch ist für das Zeichnen nicht zwingend nötig, aber es kann – wie ein Tagebuch – einen sicheren und privaten Ort bieten, wo du dich ausdrücken und deine Reaktionen auf die Natur erforschen kannst.
Das Zeichnen kann auch die Beziehung verändern, die du zu deinem Körper hast. Heutzutage neigen viele dazu, die geistige Intelligenz über die körperliche zu stellen, die Logik über das Gefühl. Es ist nur allzu leicht, sich von seinem Körper zu entfremden und beispielsweise unser Bauchgefühl oder Anzeichen von Stress zu ignorieren. Das Zeichnen kann diese Entfremdung abfedern. Denn es ist ein multisensorischer, körperlicher Prozess: ein faszinierendes Wechselspiel zwischen Hand, Augen, Verstand, Herz und der Umgebung. Je mehr du zeichnest, desto besser verstehst du auch deinen Körper und vertraust ihm – und weißt, wie er auf die wunderschöne Welt um dich herum reagiert.

Es ist doch großartig, wie eine einfache Aktivität all die Vorzüge von frischer Luft, Kreativität, Achtsamkeit und Naturnähe kombiniert. Das Greensketching motiviert dich dazu, an die frische Luft zu gehen, und verleiht Spaziergängen einen neuen Sinn. Es ist günstig, zugänglich und für jede und jeden geeignet. Stellt sich nur eine Frage: Warum um alles in der Welt ist diese simple Tätigkeit, die so viele Vorzüge hat, nicht beliebter?!

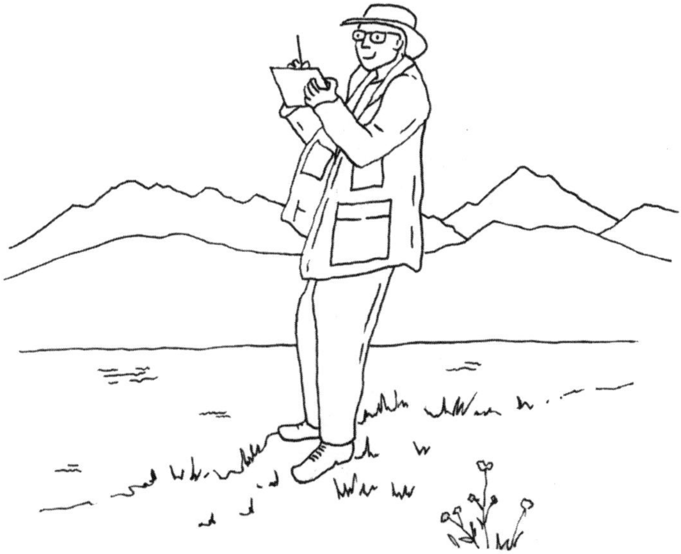

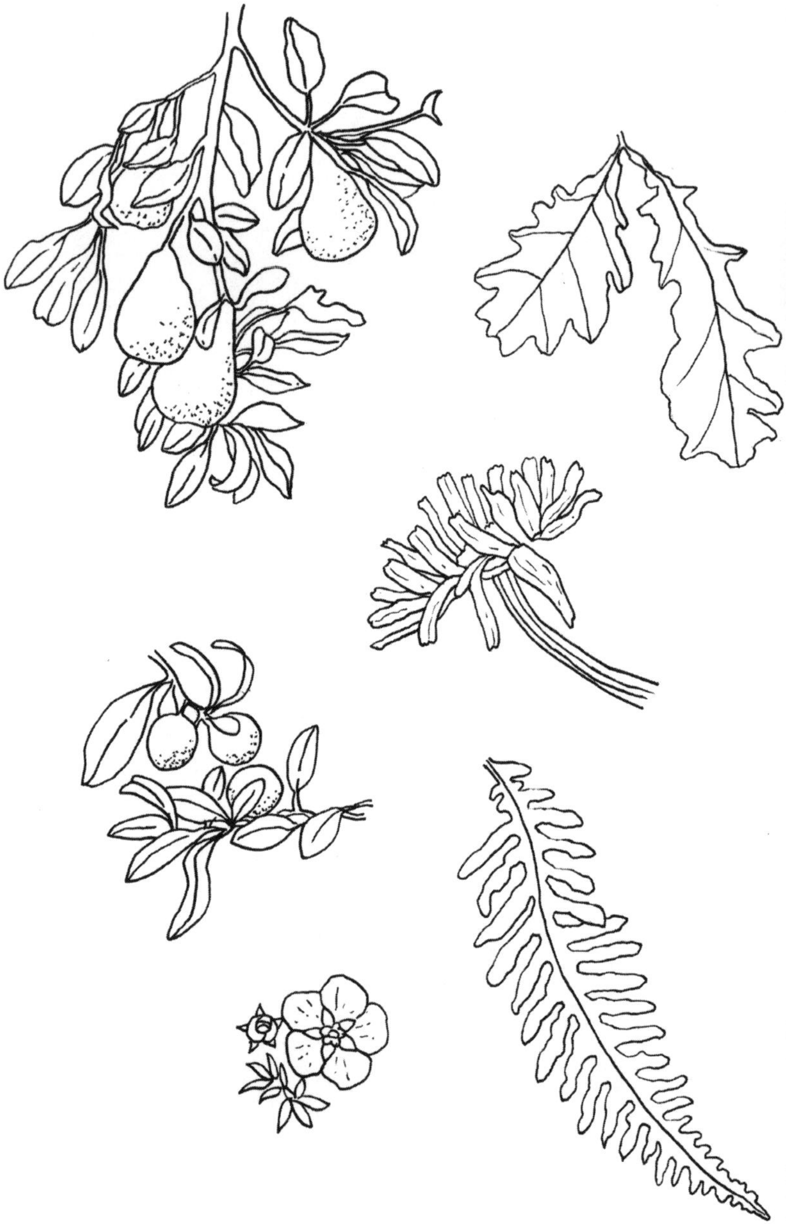

KAPITEL 3

WELCHE ÄNGSTE UND ZWEIFEL DICH AUFHALTEN

Ich tue nicht so, als wäre ich weise,
aber ich beobachte, und ich sehe viel mehr,
als ihr euch vorstellen könnt.

Amy in *Betty und ihre Schwestern*
von Louisa May Alcott

Wenn man all die Vorzüge betrachtet, die im vorherigen Kapitel beleuchtet wurden, stellt sich wirklich die Frage, weshalb Zeichnen nicht beliebter ist. Es würde den Rahmen sprengen, seine sich im Laufe der Geschichte wandelnde Popularität zu beleuchten (im 14. Jahrhundert und auch in der Renaissance erfreute sich das Zeichnen beispielsweise großer Beliebtheit) – heutzutage aber wird es meist als eine überflüssige Fähigkeit betrachtet, die von der Fotografie oder digitaler Software verdrängt worden ist. Von Technik umgeben, unterschätzen die meisten den Wert des Zeichnens als eine Fertigkeit, die uns helfen kann, zu kommunizieren, zu entdecken, zu kreieren und zu lernen. Wir wissen kaum, wie nützlich es jenseits der Welt der Kunst und des Designs, der Medizin, der Technik und der Wissenschaft sein kann. Das liegt hauptsächlich daran, dass Schulen das Zeichnen bei Kindern ab acht oder neun als eine optionale Kunstform betrachten und es aus dem Stundenplan drängen. Die meisten Leute zeichnen danach kaum noch. Da ist es nicht verwunderlich, dass wir mit verkehrten Vorstellungen über unsere Fähigkeiten und den Wert des Zeichnens aufwachsen; Vorstellungen, die wir an unsere Kinder weitergeben.

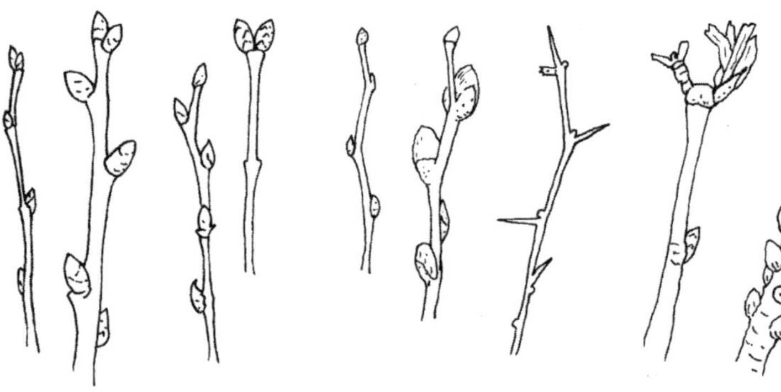

HINDERNISSE

1. **Ich kann nicht zeichnen!**
Mit Abstand das größte Hindernis ist unser Mangel an Selbstvertrauen. Die meisten von uns sind überzeugt, nicht zeichnen zu können. Wir vergleichen unsere zittrigen Linien mit den Kunstwerken professioneller Illustratoren, Architekten oder dem kunstbegabten Mitschüler und fühlen uns im Vergleich unzulänglich. Wir gehen davon aus, dass das Zeichnen ein Nischenhobby für Menschen mit angeborenem Talent ist; dass es etwas ist, was man entweder kann oder eben nicht. Ein bisschen wie die Fähigkeit, engelsgleich zu singen. Und wir gehen davon aus, dass es nur einen einzigen Grund gibt zu zeichnen: nämlich den, eine Zeichnung anzufertigen, und zwar eine beeindruckende, naturgetreue. Warum sollte man es sonst tun?

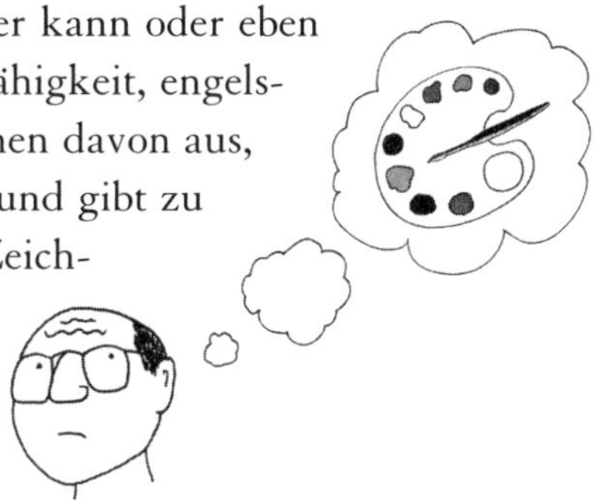

2. **Ich habe keine Zeit!**
Das zweite Hindernis ist, dass wir uns stets einreden, keine Zeit zu haben. Wir sind doch viel zu beschäftigt, um unter einem Baum herumzusitzen und die Natur zu zeichnen! Wie kopflose Hühner rennen wir herum und haben ohnehin schon zu viele Bälle auf einmal in der Luft. Da bleibt uns keine Zeit, ein neues, kompliziertes Hobby zu beginnen, besonders, wenn es Ewigkeiten

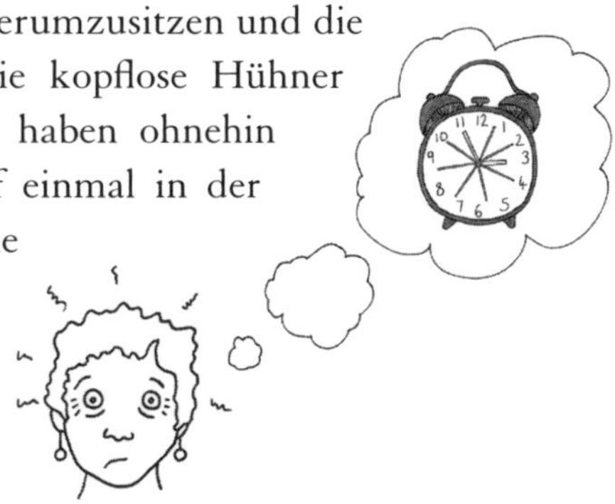

dauert, unsere nicht vorhandenen Fähigkeiten zu steigern. Vielleicht haben wir schon ein schlechtes Gewissen, weil bei uns zu Hause im Regal ein Stapel Zeichenbücher herumliegt, der bereits Staub angesetzt hat. Das Letzte, was wir wollen, ist ein weiterer Punkt auf unserer To-do-Liste. Nix da. Die Idee ist ja nett, aber nicht jetzt.

3. **So toll finde ich Natur gar nicht!**
   Niemand fühlt sich gern dumm oder unzulänglich, und nichts nervt mehr als ein überambitionierter Naturliebhaber, der uns auf unsere mangelhaften Outdoorkenntnisse und Naturerfahrungen hinweist, selbst wenn er es gut meint. (Ich weiß, wie sich das anfühlt, glaubt mir. Ich habe mir mal ein Büro mit acht leidenschaftlichen Ökologen geteilt.) Warum sollte man diese Demütigung riskieren? Da ist es doch sicherer, es gar nicht erst zu versuchen. Und die Natur haben wir ohnehin nicht auf dem Schirm. Ist nicht unser Ding. Wir sitzen den ganzen Tag drin. Wir leben in der Stadt. Und es gibt wirklich Wichtigeres als die Natur, worüber wir uns den Kopf zerbrechen müssen.

HEY, DIESE HINDERNISSE SIND NICHT REAL!

All diese Hindernisse sind aber letztlich nur einschränkende Überzeugungen in unseren Köpfen, nicht in unseren Händen. Es sind Gedanken, keine Tatsachen. Zeichnen ist eine Fertigkeit, kein Talent, genau wie Klavierspielen, Stricken oder Autofahren. Mit etwas Übung wird es leichter, aber jeder kann es lernen. Die meisten von uns können nur deswegen nicht selbstbewusst zeichnen, weil sie kaum Zeit damit verbringen – und nicht, weil sie untalentiert sind. Wenn du sehen und einen Stift halten kannst, dann kannst du auch die Natur zeichnen. Versprochen.

EINE ZEICHNUNG MUSS NICHT GUT AUSSEHEN

Wenn dich diese Aussage skeptisch macht, dann denk daran, dass es der Prozess des Zeichnens ist, der zu unserem Wohlbefinden und unserer Verbindung zur Natur beiträgt, und nicht das Kunstwerk. Keiner der Vorzüge, die im vorangegangenen Kapitel genannt wurden, hat etwas mit der technischen Genauigkeit einer Zeichnung zu tun. Wenn du nur eine Sache aus diesem Buch mitnimmst, dann bitte diese: Die Qualität deiner Zeichnung ist irrelevant. Es zählt die Beobachtung – denn die verändert, wie du dich fühlst.

EINE ZEICHNUNG ANZUFERTIGEN MUSS NICHT LANGE DAUERN

Fast jeder hat Zeit zu zeichnen. Die meisten von uns werden nicht von Zeitmangel eingeschränkt, sondern von *vermeintlichem* Zeitmangel. Oft fehlt nämlich gar nicht die Zeit, sondern der Kopf. Wir verbringen so viel Zeit damit, auf Bildschirme zu starren und uns durch die Nachrichten oder Social-Media-Posts zu scrollen. Dabei werden wir mit neuen Ideen, Bildern, Sorgen und Möglichkeiten bombardiert. Dieser konstante Strom von Informationen ist so überwältigend, dass er uns die Energie und die Motivation raubt, etwas Neues zu versuchen.

In Wahrheit haben wir fast immer mehr Zeit, als wir glauben; wir müssen nur einen Weg finden, dies trotz unserer Unruhe und der vielen ablenkenden Impulse zu begreifen. Ironischerweise ist das Zeichnen von Natur eine der besten Beruhigungsmethoden. Und: Eine Zeichnung anzufertigen muss nicht lange dauern. Für die meisten, die ich mache, brauche ich gerade einmal zehn Minuten. Skizzen können schnell und grob sein; sie sind nicht dasselbe wie sorgfältige, detaillierte Zeichnungen. Natürlich dauert es eine gewisse Zeit, Bedenken über Bord zu werfen und selbstbewusst zum Stift zu greifen, aber die Vorteile dieser Tätigkeit sind unmittelbar zu spüren.

DU MUSST KEIN NATURLIEBHABER SEIN

Die Fähigkeit, die Natur zu sehen und zu genießen, hat nichts mit deinem Wissen über sie zu tun. Du kannst einen hübschen Vogel zeichnen, ohne zu wissen, was für ein Vogel das ist. Du kannst die Spiegelung in einer Pfütze bewundern, ohne den Wasserkreislauf zu durchblicken. Du kannst dich von einem riesigen Baum trösten lassen, ohne sein Alter und seine Geschichte zu kennen. Staunen löst oft Neugier und Wissensdrang aus; aber Wissen und Verständnis sind eine Folge, nicht eine Voraussetzung fürs Zeichnen.

Es wird immer Leute geben, die mehr über die Natur wissen als du, sei es durch ihre Bildung oder durch ihre Lebenserfahrung. Schön, wenn sie dich inspirieren, aber du solltest dich nicht von ihnen einschüchtern lassen. Du bist genauso Teil der Natur wie jeder andere, selbst wenn du von der Natur nur den Himmel siehst. Deine Verbindung zu ihr ist einmalig, und es steht dir genauso zu, sie zu erkunden und zu pflegen, wie jedem anderen.

EIN BLATT KANN MAN AUF MEHR ALS EINE ART ZEICHNEN!

Nehmen wir mal an, es reizt dich, loszulegen. Wie geht es dann weiter? Wie fängst du an? Eine Möglichkeit ist, ein Skizzenbuch zu kaufen und deine unmittelbare Umgebung zu zeichnen. So habe ich angefangen und ja, so einfach kann es wirklich sein. Aber vielleicht möchtest du auch mehr Anleitung, Inspiration oder Bestärkung. An diesem Punkt wird die Welt des Zeichnens ein klein wenig komplizierter. Es gibt eine Reihe verschiedener Zeichendisziplinen oder Arten, die leicht unterschiedliche Ziele, »Regeln« und sogar Sprachen, Philosophien und Leitprinzipien haben. Es gibt mehr als eine Art, ein Blatt zu zeichnen! Werfen wir also mal kurz einen Blick auf die Vor- und Nachteile der verschiedenen Herangehensweisen:

Traditionelles Zeichnen und Pleinair-Zeichnen

»Richtig« zeichnen zu lernen bedeutet auch, spezielle technische Fähigkeiten zu entwickeln, um beispielsweise eine Kugel schattieren oder eine Perspektive exakt darstellen zu können. Mit genug Motivation und etwas Übung kann das jeder lernen. Die meisten Kunstlehrerinnen und -lehrer geben bereitwillig zu, dass es dafür kein Patentrezept gibt, sondern dass man einfach genug Zeit investieren muss.

Normalerweise findet Zeichenunterricht drinnen statt und konzentriert sich thematisch auf Stillleben oder menschliche Formen, da sich hier die grundsätzlichen Techniken am besten erlernen und üben lassen. Wenn die Stunden im Freien abgehalten werden, ist das traditionellerweise eine Vorbereitungsstufe für die sogenannte Pleinair-Landschaftsmalerei. Oft sitzt man dabei an einer

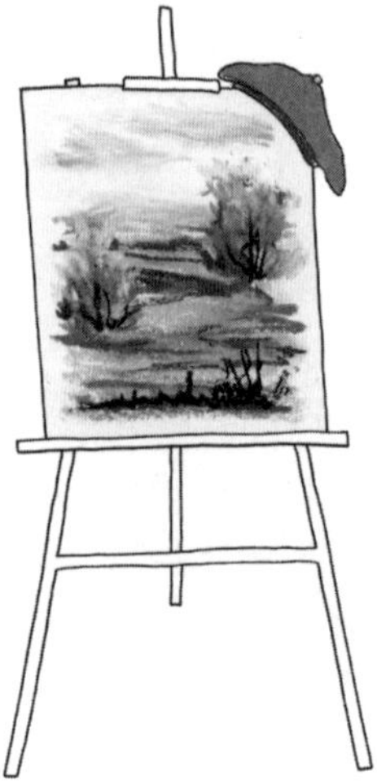

Staffelei oder fertigt vorbereitende Landschaftsstudien an, die, zurück im Atelier, dann zu Gemälden ausgearbeitet werden. So oder so liegt der Fokus auf dem Kunstwerk.

Ich hatte beim traditionellen Zeichnen nie viel Geduld und auch nicht viel Glück. All die einschränkenden Regeln kann ich nämlich nicht leiden: Halt den Stift nicht so! Mach nicht solche nervösen, zögerlichen Linien! Radier nicht an ihnen herum! Zeichne keine Fotos ab! Nicht so, *so!* Ich bin mir sicher, dass ich heute besser skizzieren könnte, wenn ich all diese Regeln befolgt hätte. Aber das ist auch nicht der Grund, warum ich zeichne.

Naturtagebuch

Hier werden Naturbeobachtungen in einem eigens dafür angelegten Naturtagebuch festgehalten und gezeichnet. John Muir Laws zufolge, einem echten Helden des sogenannten *Nature Journaling* in den USA, geht es darum, die Natur zu erkunden und mehr über sie zu erfahren – und den Zeichenprozess zum Erlernen der Fertigkeiten eines Wissenschaftlers, eines Naturkundlers, eines Künstlers und eines Beobachters zu nutzen.[27] Die illustrierten Beobachtungen werden mit Daten, Beschreibungen, Fragen und persönlichen Überlegungen angereichert. Das Ergebnis – das Naturtagebuch – gilt dabei als ebenso wichtig wie der Zeichenprozess an sich. Es wird zu einem kostbaren Dokument, das häufig einem hochwertigen Biologielehrbuch ähnelt. Google mal »Naturtagebuch« und du wirst sehen, mit wie viel Liebe und Sorgfalt die Seiten darin gestaltet wurden.

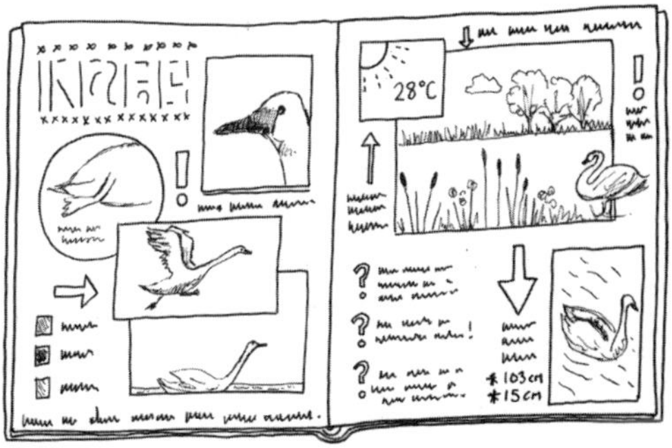

Das Erstellen eines solchen Naturtagebuchs spielt in der Umwelterziehung eine wichtige Rolle. Mit seiner Hilfe kann man eine intensive Verbindung zur Natur aufbauen, außerdem kann das achtsame Beobachten sehr entspannend sein. Aber ein Naturjournal hingebungsvoll zu führen verlangt auch Disziplin und das liegt nicht jedem. Ich habe es nie geschafft (obwohl ich fast jeden Tag zeichne). Vermutlich werden sich nur wenige viel beschäftigte Leute davon überzeugen lassen, damit loszulegen – besonders, wenn sie sicher sind, nicht zeichnen zu können, und schon lange keine Outdooraktivität mehr auf ihrem Programm stand. Wenn du es ausprobieren willst und genug Zeit hast, wirst du zu diesem Thema eine Fülle von Ratschlägen finden, inklusive Tausender Stunden von Lehrvideos. Weitere Informationen dazu gibt es auf S. 216–217.

Urban Sketching

Die Bewegung des Urban Sketching begann 2007; inzwischen gibt es eine riesige weltweite Community von Anhängern dieser Art zu zeichnen. Urban Sketcher zeichnen direkt vor Ort und teilen ihre Verbindung zu der urbanen Landschaft mit anderen Zeichnern auf der ganzen Welt. Die schnellen und ungezwungenen Zeichnungen bestehen

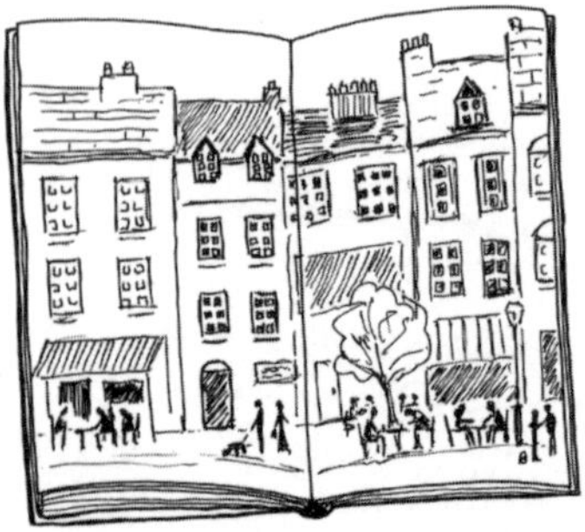

häufig aus Tusche und durchscheinenden Farbflächen, der Fokus liegt, wenig überraschend, auf Straßenszenen und städtischer Architektur. Obwohl es natürlich möglich ist, über das Urban Sketching eine Verbindung zur »Stadtnatur« aufzubauen, ist das nicht das Hauptziel.

Achtsames Zeichnen

Beim achtsamen Zeichnen konzentrierst du dich ganz auf den körperlichen Zeichenvorgang. Das Ziel ist es, deine ganze Aufmerksamkeit auf das Hier und Jetzt zu richten: auf deinen Atem und auf das, was du siehst, fühlst, hörst und sogar riechst, während du zeichnest. Es kann eine wahnsinnig entspannende Art sein, einen Gang herunterzuschalten und sich wieder mit dem eigenen Körper zu verbinden, und, wenn du draußen zeichnest, auch mit der Natur. Das Ergebnis, deine Zeichnung, ist nicht wichtig, manchmal wird es nur aus einer Seite voller abstrakter Markierungen bestehen. Denn das achtsame Zeichnen ist nicht immer mit Beobachtung verbunden; manchmal wirst du dazu angeregt, deine Augen zu schließen und festzuhalten, was du gerade empfindest. Wie du zum Beispiel auf deinen Atem oder verschiedene Arten von Musik reagierst. Alternativ kannst du auch ein beruhigendes, sich wiederholendes Muster kreieren.

Obwohl du das achtsame Zeichnen theoretisch überall ausüben kannst, ist es besonders reizvoll, das, was man ausdrücken möchte, auf einem großen Blatt Papier festzuhalten. Das ist im Freien nicht immer praktisch. Das achtsame und eher meditative Zeichnen mag für das Wohlbefinden guttun, ist vielleicht weniger geeignet für Leute, die ihre Erlebnisse in der Natur visuell festhalten wollen.

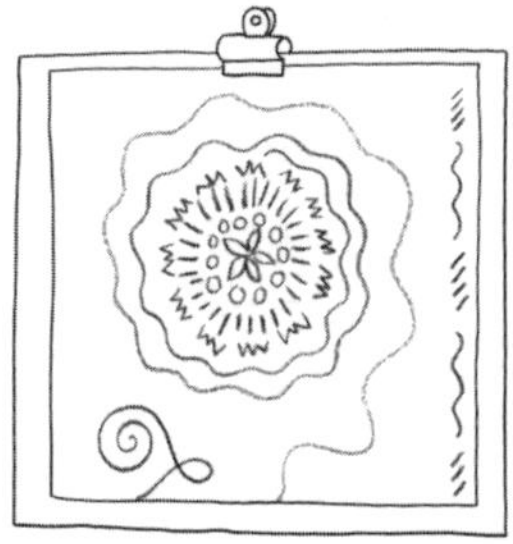

Feldskizzen

Eine Feldskizze ist eine klare und informative Landschaftsskizze, die mit Feldbeobachtungen und geografischen Daten ergänzt wird. Früher waren diese Zeichnungen existenziell für militärische Erkundungen und Expeditionen und wurden auch von Geologen, Geografen und Landschaftsarchitekten genutzt. Mittlerweile wurden die Feldskizzen größtenteils durch die Fotografie ersetzt, obwohl sie nach wie vor ein nützliches Mittel zur Datenerfassung für Studenten und Fachleute sind, die die Form und den Charakter eines Ortes verstehen wollen.

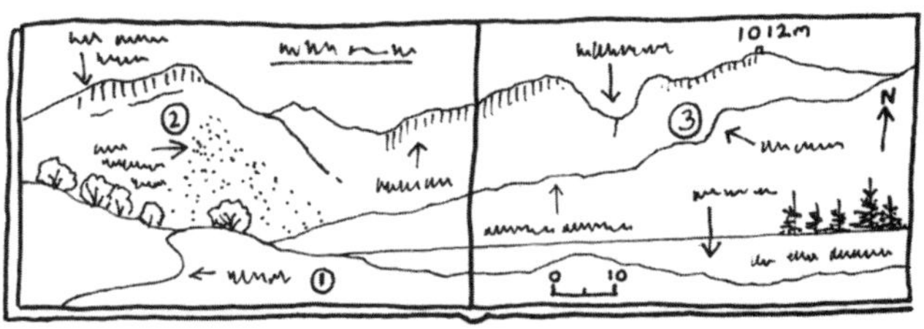

Bei einer Feldskizze ist sowohl die Entstehung als auch das Endergebnis wichtig: Der Zeichenprozess kann helfen, einen Ort besser zu verstehen, indem etwa Schlüsselmerkmale einer Landschaft wahrgenommen und identifiziert werden. Das Ergebnis, die Feldskizze, enthält nützliche, hochwertige Daten und ist oft eine wirkungsvollere Gedächtnisstütze als ein Foto. Als ich jünger war, habe ich es geliebt, im Geografieunterricht Feldskizzen anzufertigen (und hatte damals keine Ahnung, was meine Zukunft bringen würde!).

Botanisches Zeichnen

Beim botanischen Zeichnen geht es um die wissenschaftlich korrekte Darstellung von Pflanzen. Es erfordert höchste Konzentration, was dabei helfen kann, in einen entspannenden Flow-Zustand zu gelangen. Wenn man eine Pflanze so sorgfältig abzeichnet, entwickelt man zwangsläufig eine Wertschätzung und enge Verbindung zu ihr. Der Nachteil ist, dass man den größten Teil der Zeit in geschlossenen Räumen verbringt. Es mag etwas für dich sein, wenn du geduldig bist, präzise Arbeit magst und viel Zeit zur Verfügung hast (und nicht an einem schmerzenden Nacken leidest, so wie ich).

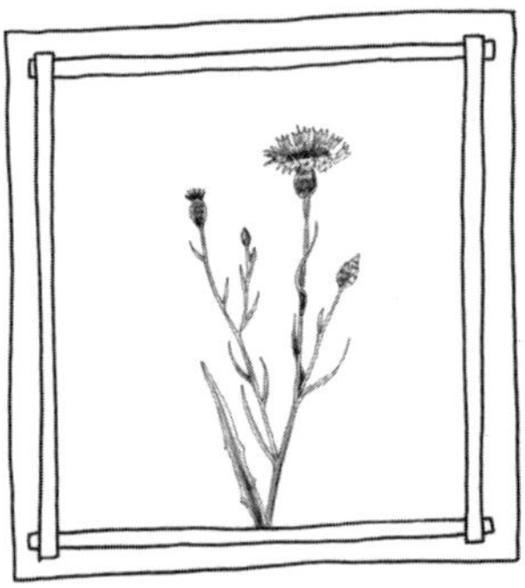

ES GIBT IMMER EINEN WEG

All diese Zeichendisziplinen sind, jede für sich genommen, auf ihre Weise sehr wertvoll; dennoch kann keine dieser Disziplinen alle drei Barrieren auf einmal beseitigen, die so viele Menschen normalerweise vom Zeichnen abhalten: nicht unseren Mangel an Selbstvertrauen, nicht unseren vermeintlichen Zeitmangel und auch nicht unsere mangelnde Kenntnis der Natur.

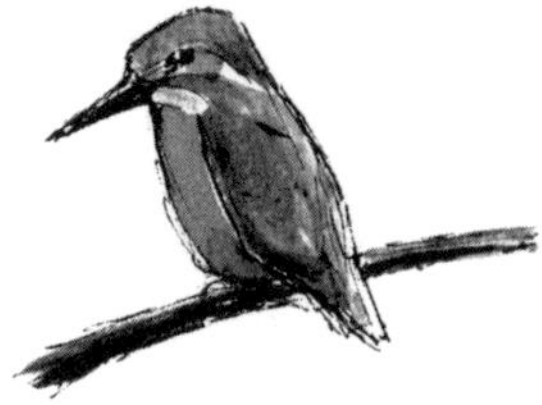

Als ich mit dem Zeichnen begann, lebte ich im Ausland und hatte wenig Zugang zu Zeichenbüchern und Informationen. Ich wurschtelte mich also einfach so durch und zeichnete die Natur auf meine eigene Art und Weise. Zurück in Großbritannien, begann ich mich genauer zu informieren und suchte nach Rat. Ich dachte, dass meine eigenen Zeichnungen nicht gut genug seien und ich mich verbessern müsste. Alles, was ich las, ließ mich meine zögerlichen, skizzenhaften Linien, meine winzigen Zeichnungen und die Verwendung von zu viel Farbe hinterfragen.

Dann nahm ich an einem Workshop für Naturzeichnungen teil, bei dem wir zwei Tage lang einen toten Eisvogel skizzieren mussten. Alles, was ich von diesem Workshop in Erinnerung behalten habe, ist die Kritik an meiner Zeichnung des Eisvogelschnabels: Er hatte nicht den richtigen Winkel. Dieses konstruktive Feedback sollte eigentlich dazu dienen, meine Arbeit zu verbessern. Tatsächlich ließ es mich niedergeschlagen und voller Selbstzweifel zurück.

Viele solcher gut gemeinten, nützlichen Ratschläge raubten mir all die Freude, die das Zeichnen mir normalerweise machte. Ich wollte nicht besser *zeichnen* können. Ich wollte mich besser *fühlen, indem* ich zeichnete! Mir wurde klar, dass wir einen ganz neuen, das Selbstbewusstsein stärkenden Zugang zum Zeichnen von Natur brauchen. Nicht, um künftige Künstler zu schaffen, sondern glückliche, resiliente Naturliebhaber. Ich habe diese neue Methode Greensketching getauft.

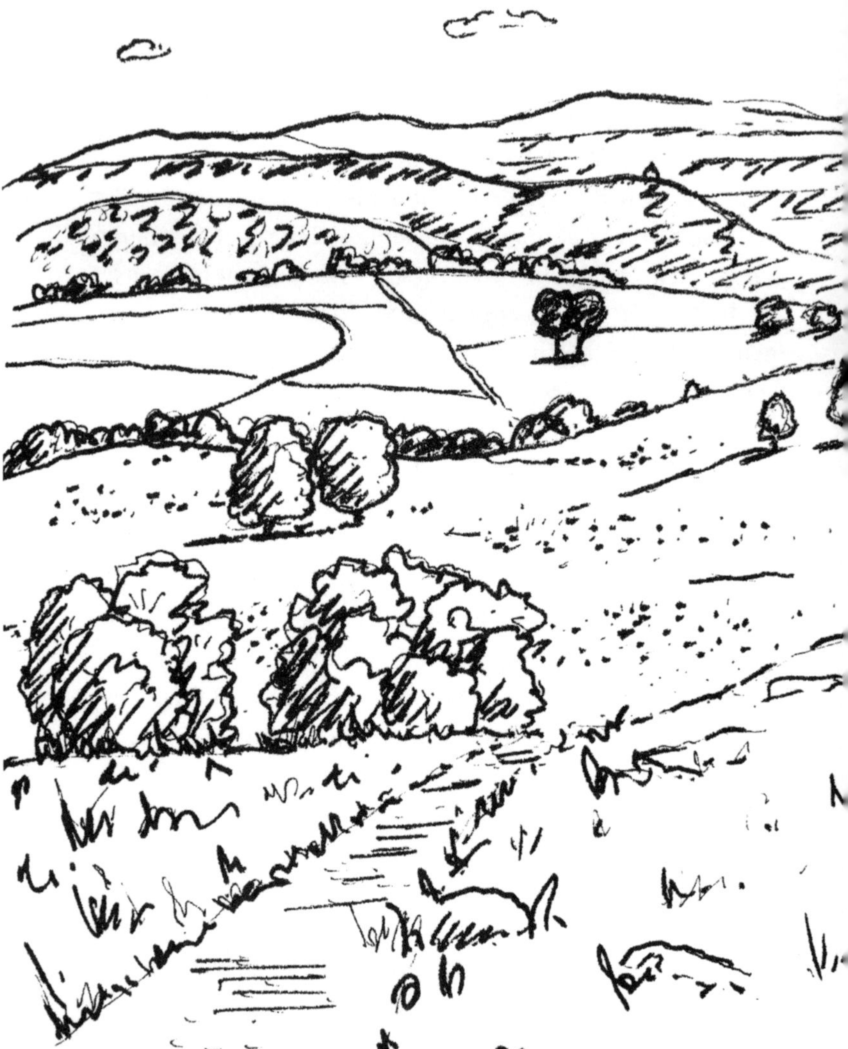

KAPITEL 4

GREENSKETCHING

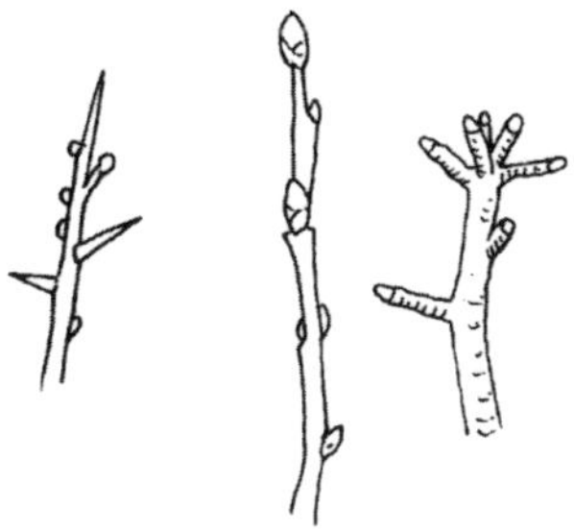

Ich glaube, dass der Anblick
wichtiger als die Zeichnung ist.

John Ruskin, *The Elements of Drawing*

Was genau ist Greensketching denn nun? Es ist eine verblüffend einfache und dennoch revolutionäre Art, die Natur zu zeichnen. Sie lädt dich dazu ein, Zeichnen aus einem völlig neuen Blickwinkel zu betrachten. Nicht als künstlerische Praxis, sondern als ein Werkzeug, mit dem du die Schönheit der Natur sehen, genießen und mit ihr in Verbindung treten kannst. Auf deine eigene Art und Weise, für dein eigenes Wohlbefinden.

BRAUCHEN WIR WIRKLICH NOCH EINEN WEITEREN ANSATZ?

Vielleicht fragst du dich, ob ein weiterer Ansatz wirklich nötig ist. Eine Skizze ist eine Skizze, und wie man sie macht, ist egal, oder? In vielerlei Hinsicht hast du recht. Nichts und niemand kann dich davon abhalten, dir sofort einen Stift zu schnappen und loszulegen, ganz ohne weitere Anleitung. Du musst keinen bestimmten Ansatz verfolgen und du musst auch ganz sicher nicht deine Zeichenmethode ändern, wenn du mit ihr bereits rundum zufrieden bist. Ich will auch niemanden davon abhalten, ein Naturjournal zu führen, Urban Sketching oder botanisches Zeichnen auszuprobieren. Wenn einer dieser Ansätze der richtige für dich ist, dann nichts wie los!

Aber wie wir im vorherigen Kapitel gesehen haben, gibt es viele einschränkende Überzeugungen, die Menschen vom Zeichnen abhalten. Und ich glaube nicht, dass die bisherigen Ansätze sich dieses Problems ausreichend annehmen. Ich habe einzig deswegen eine neue Methode erfunden, weil ich das Zeichnen der Natur zugänglicher machen wollte; weil ich wollte, dass mehr Menschen von den positiven Effekten profitieren können.

Sobald du deine anfänglichen Bedenken überwunden und eine gewisse Zeichenroutine entwickelt hast, wirst du vielleicht feststellen, dass das Greensketching ein Türöffner für andere Techniken ist. Aber eben weil Greensketching so neu ist, kannst du dich dieser Methode optimistisch und offen nähern. Denn vermutlich hast du keine negativen Assoziationen oder Erinnerungen an einen fiesen Greensketching-Lehrer, oder?

WARUM *GREEN*SKETCHING?

Ich habe nach einem Namen gesucht, der neu, frisch und für eine Reise um die ganze Welt geeignet war. Er musste leicht vom populären »Urban Sketching« zu unterscheiden sein und man durfte ihn auch nicht mit »Nature Journaling« verwechseln, weswegen ich das etwas vage »Nature Sketching« verworfen habe. Auch »Wild Sketching« habe ich aussortiert, weil es so viele der Vorteile ausschließt, die das Zeichnen der Alltagsnatur mit sich bringt – besonders in urbanen Räumen. Schließlich habe ich mich für »Greensketching« entschieden, ein Name, der einfach und leicht zu merken ist. Und natürlich steht »Green« hier als Oberbegriff für Natur, die auch den Anblick blauer Elemente einschließt, wie etwa den Himmel, Meere, Seen und Flüsse.

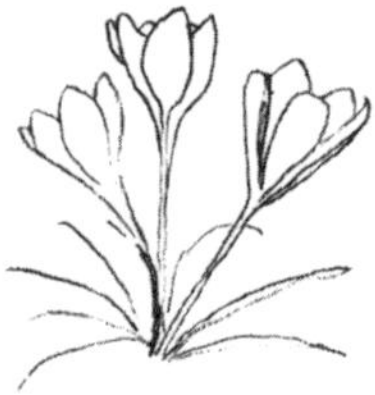

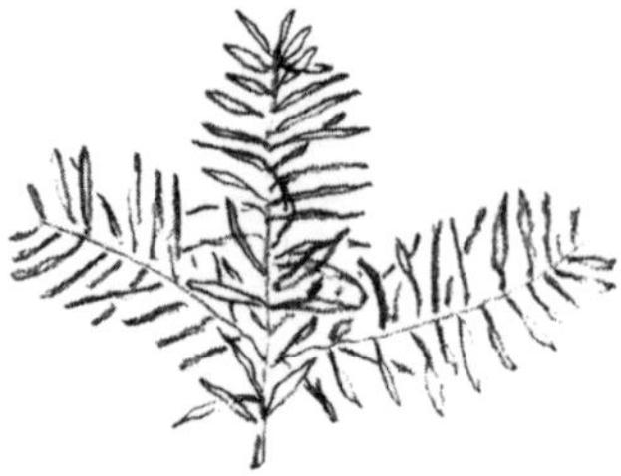

WAS GENAU IST ALSO GREENSKETCHING?

Erst einmal muss ich klarstellen, dass ich das Rad nicht neu erfunden habe. Ich habe keine völlig neue Zeichenart entwickelt. Tatsächlich handelt es sich bei vielen Übungen in diesem Buch um etablierte Techniken, die im Kunstunterricht schon oft verwendet wurden. Greensketching vereint Elemente der unterschiedlichen Zeichenmethoden, die im dritten Kapitel vorgestellt wurden. Allerdings unterscheidet es sich von ihnen sowohl durch seinen Zweck – nämlich eine Verbesserung unserer Verbindung zur Natur und der Steigerung unseres Wohlbefindens – als auch durch drei wichtige Leitprinzipien:

1. **Der Fokus liegt auf der Beobachtung, nicht auf dem Kunstwerk**
   Beim Greensketching geht es um Beobachtung; die Genauigkeit oder Qualität deiner Zeichnung ist überhaupt nicht wichtig. Es geht um den Prozess des Schauens und des Freude-Entdeckens – dadurch ändern sich deine Gefühle. Es spielt keine Rolle, ob deine Zeichnungen dem ähneln, was du siehst; sie helfen dir dabei, überhaupt erst zu sehen und wahrzunehmen. Und je mehr du zeichnest, desto mehr wirst du sehen. Deine Zeichnungen werden sich mit der Zeit unweigerlich verbessern, weil du Erfahrungen sammelst und

selbstbewusster wirst. Aber jede Skizze ist wertvoll, ganz egal, wie wacklig deine Striche sind oder wie verzerrt die Perspektive ist. Jede Zeichnung wird dir helfen, dich zu entspannen und die Welt mit neuen Augen zu sehen.

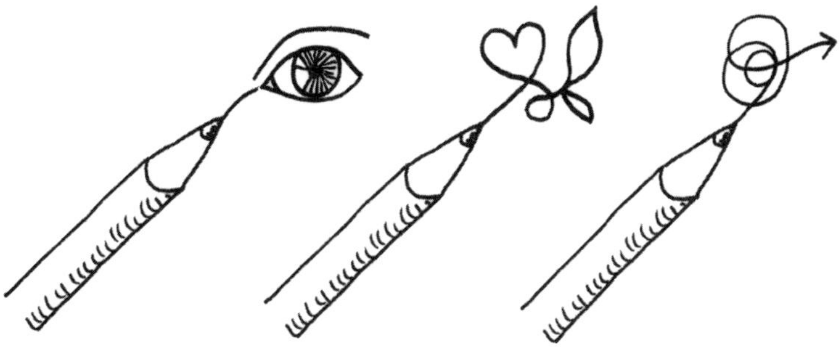

2. **Es geht um den Spaß, nicht ums Lernen!**
Das Greensketching ist ein Tool, um eine Verbindung zur Natur aufzubauen, und nicht eines, das der Weiterbildung dient. Es erleichtert das Freude-Entdecken und hilft, die Schönheit und die Wunder der Natur zu genießen. Es macht den Kopf frei und sorgt dafür, dass wir Trost und Ruhe in der Natur finden. Es stärkt und festigt deine Beziehung zur Natur und hilft dir, Sinn zu finden, Dankbarkeit und ein Zugehörigkeitsgefühl zu entwickeln. Greensketching regt auf natürliche Weise deine Neugier und Wissbegier an. Aber wenn du dabei etwas lernst, dann zufällig und nicht absichtlich. Nichts hält dich davon hab, deine Skizzen mit Feldbeobachtungen, Messungen oder lateinischen Pflanzennamen zu versehen. Aber du musst nicht. Genauso gut kannst du Smileys oder Einkaufslisten hinzufügen, wenn du Lust hast.

3. **Es geht darum, auf deine eigene Art zu zeichnen – für dein eigenes Wohlbefinden**
   Wir alle haben einen unterschiedlichen Blick auf die Welt und unsere Skizzen sind so einzigartig wie unsere Handschrift. Deswegen gibt es auch keinen charakteristischen »Greensketching-Stil«, den du lernen und übernehmen musst. Du musst keine Regeln oder einzelnen Schritte befolgen; es gibt kein Richtig oder Falsch. Du musst definitiv nicht meine kleinen, unordentlichen Skizzen nachahmen. Stattdessen solltest du deinen Weg finden, dich auszudrücken. Zuerst wird das wahrscheinlich etwas unangenehm sein, aber auf lange Sicht kann ich dir versprechen, dass es sehr befreiend ist, seinen eigenen Zugang zu finden, anstatt zu versuchen, den Stil eines anderen zu kopieren.
   Das heißt nicht, dass du einen bestimmten Zeichenstil finden und dann beibehalten musst; es geht um das Herumexperimentieren und darum, deinen Zeichenstil deinem Gefühlszustand oder deiner Umgebung anzupassen. Wir werden diesen Punkt in Kapitel 9 genauer betrachten.

Zusätzlich zu diesen drei Leitprinzipien hat das Greensketching noch ein paar weitere wesentliche Merkmale:

Sprache

Ich finde es hilfreich, die Skizzen »Kritzeleien« zu nennen. Auf diese Weise nimmt man sie nicht so ernst und beurteilt sie weniger streng. Es ist nur ein Wort, aber es kann eine überraschende Auswirkung auf dein Gehirn haben, besonders, wenn du zu Perfektionismus und Selbstkritik neigst. Schließlich gibt es so etwas wie eine schlechte Kritzelei nicht.

Teilen

Das Greensketching ist eine zutiefst persönliche Angelegenheit, du musst deine Kritzeleien also niemandem zeigen, wenn du nicht willst. Es spielt keine Rolle, ob sie wunderschön oder kaum erkennbar sind. Niemand muss die Skizzen sehen, kommentieren oder beurteilen. Dein Tagebuch oder dein Dankbarkeitsjournal würdest du ja auch niemandem zeigen, oder? Wenn wir unsere Zeichnungen teilen, neigen wir dazu, uns mehr auf ihr Aussehen zu konzentrieren als auf das Gefühl, das sie in uns auslösen. Wir bitten um Feedback, und dieses Feedback wird sich fast immer auf die Qualität und das Aussehen der Zeichnung beziehen und nicht auf unsere Verbindung zur Natur.

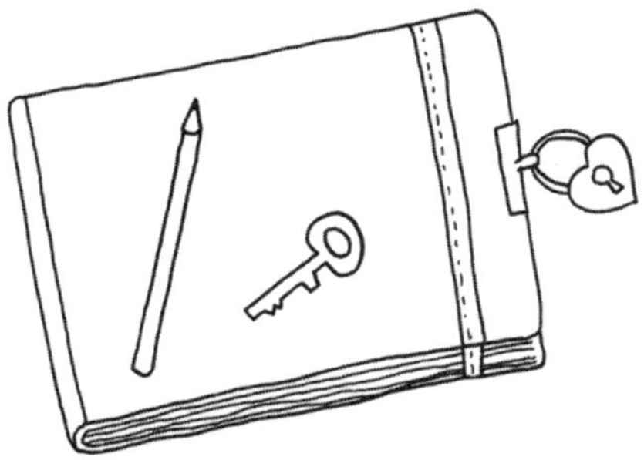

Natürlich ist es schön, ein Kompliment zu bekommen. Das kann wirklich motivierend sein! Aber eine Beurteilung »von außen« ist eine zweischneidige Angelegenheit. Was passiert, wenn die Zeichnung nicht die positive Reaktion auslöst, auf die du gehofft oder die du erwartet hast? Passt du deinen Zeichenstil an, um mehr Lob einzuheimsen? Oder gibst du einfach auf? Wenn du dich dafür entscheidest, deine Skizzen für dich zu behalten, befreist du dich von der Angst vor Kritik oder dem Bedürfnis nach Bestätigung. Außerdem verbringst du weniger Zeit damit, aufs Handy zu starren und auf Instagram zu checken, wer dein neuestes Werk gelikt hat.

Ein wichtiges Gegenargument ist in diesem Fall, dass du ja schneller mit anderen Leuten in Kontakt kommst, wenn du deine Skizzen mit ihnen teilst, und dass sich so auch die Vorteile des Greensketching schneller herumsprechen. Über Social Media reden wir später noch! Fürs Erste aber möchte ich dich dazu ermutigen, zwar deine Zeichenabenteuer und die Gefühle, die sie in dir auslösen, mit anderen zu teilen – aber nicht die Skizzen selbst. Warte damit wenigstens, bis du die Vorzüge des Greensketching selbst erlebt hast, auf deine eigene Art und Weise und für dein eigenes Wohlbefinden, ehe du irgendetwas davon teilst.

Instruktionen

Du wirst weder in diesem Buch noch sonst irgendwo konkrete Greensketching-Instruktionen oder Schritt-für-Schritt-Anleitungen finden. In anderen Zeichengenres werden diese Methoden gern benutzt, da sich mit ihrer Hilfe gut lernen (und lehren) lässt, wie ein bestimmtes Objekt gezeichnet oder eine spezielle Technik angewendet wird. Meiner Erfahrung nach befeuern sie allerdings auch die Meinung, dass es eine richtige (und eine falsche) Art gibt, Natur zu zeichnen. Das kann dazu führen, dass du eher die Beobachtungen und Striche eines anderen kopierst, anstatt dich auf deine eigenen zu konzentrieren. Wenn du deine zögerlichen Versuche mit den kraftvollen Linien eines anderen vergleichst, wird dein Selbstbewusstsein dadurch eher schwächer als stärker. Nur allzu leicht legt man den Fokus auf die Qualität der Skizze, anstatt sich aufs Sehen, Zeichnen und Genießen der Natur zu konzentrieren.

Erwartungen

Natürlich ist es leicht, dir zu sagen, dass du dir um die Qualität deiner Zeichnungen keinen Kopf machen musst. Es lohnt sich aber sicherzugehen, dass du keine unrealistischen Erwartungen hast. Die können nämlich zu Enttäuschungen führen! Es kann gut sein, dass der Großteil deiner ersten Skizzen ein zögerliches, krakeliges und unvollständiges Chaos ist. Ein paar werden gut sein, ein paar nicht. Und das ist vollkommen okay.

Deine Zeichnungen werden mit der Zeit unweigerlich selbstbewusster und exakter werden, und auch deine Beobachtungsgabe wird sich verbessern. Aber auf diesem Weg gibt es keine Abkürzung. Die einzige Art, deine Fähigkeiten zu verbessern, ist Übung. Und das geht am besten, wenn du dafür sorgst, dass du Spaß am Zeichnen hast und dich nicht mit der Erwartung, dass deine Zeichnungen echte Kunstwerke sein müssen, unter Druck setzt.

Ich zeichne jetzt schon seit Jahren, aber nur etwa zehn bis fünfzehn Prozent der Zeichnungen in all meinen Skizzenbüchern sind »gut genug«, um als Illustrationen verwendet zu werden. Der Rest ist Murks, bedeutet mir aber dennoch etwas: Die Zeichnungen sind kleine Erinnerungen an meine Begegnung mit der Natur.

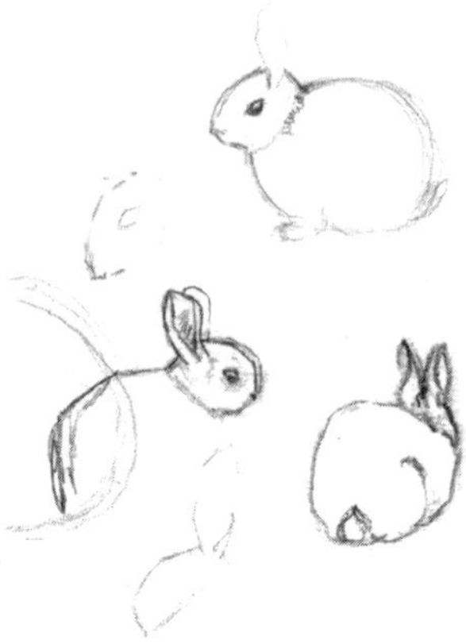

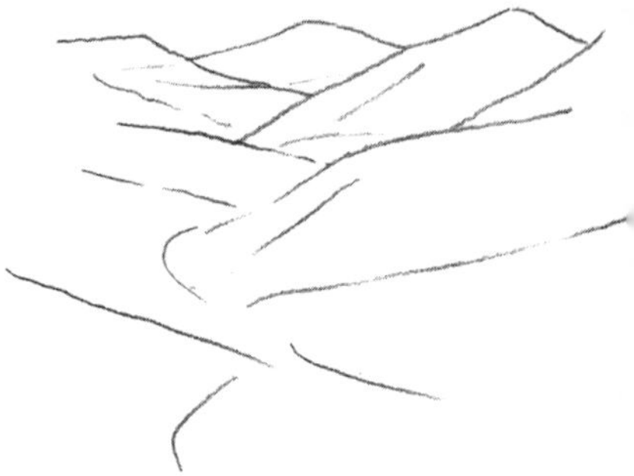

Güte

Güte und Mitgefühl sind beim Greensketching essenziell. Geh immer gut mit der Natur um und überleg es dir zweimal, ehe du irgendetwas pflückst, um es zu zeichnen. Das Ziel des Greensketching ist die Verbindung mit der Natur, nicht ihre Verletzung. Wenn du etwas findest, das du zeichnen möchtest, dann versuch nach Möglichkeit, es draußen und vor Ort zu zeichnen. Wenn du doch ein paar Schätze einsammeln willst, um sie zu Hause zu skizzieren, dann benutz deinen gesunden Menschenverstand, um zu entscheiden, was angemessen ist und was nicht. Und vergiss nicht, dass seltene und bedrohte Arten gesetzlich unter Schutz stehen.

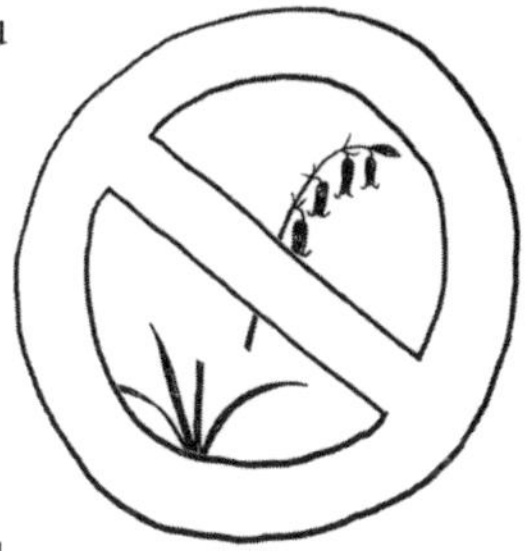

Es ist auch wichtig, dass du nett zu dir selbst bist. Es braucht Zeit, die lebenslange Angewohnheit abzulegen, sich selbst und das eigene Zeichentalent zu kritisieren. Du kannst die negativen Gedanken nicht einfach verbannen, aber du kannst ein sanftes, nicht urteilendes Bewusstsein ihnen gegenüber entwickeln. Der erste Schritt ist, zu bemerken, wenn sie sich in deinen Kopf schleichen. »Das läuft nicht gut … es sieht nicht richtig aus … das ist Müll … ich bin nutzlos …« Halt einen Moment inne und frag dich, woher diese Gedanken kommen. Unser innerer Kritiker ist oft das Echo eines verletzlichen Kindes, das Angst hat und uns davor zu schützen versucht, von anderen beschämt oder kritisiert zu werden. Dieses verletzliche Kind muss nicht zum Schweigen gebracht oder ignoriert werden; es muss beruhigt werden. Wann immer du also enttäuscht, frustriert, traurig, beschämt oder generell selbstkritisch auf deine Zeichnung blickst, erinnere dich sanft daran:

DAS GREENSKETCHING-MANIFEST

1. Wir zeichnen die Natur, wann immer wir können.
2. Unsere Kritzeleien helfen uns, die Schönheit der Natur zu sehen, zu genießen und mit einem unvoreingenommenen Blick wertzuschätzen.
3. Wir zeichnen auf unsere eigene Art und Weise, für unser eigenes Wohlbefinden.
4. Wir feiern das Erlebnis des Zeichnens und wie wir uns dabei fühlen, nicht die Qualität der Skizze.
5. Wir inspirieren und ermutigen andere dazu, ihr Handy beiseitezulegen und sich einen Stift zu schnappen.
6. Wir pflegen und beschützen unseren wunderschönen Planeten.
7. Wir teilen unsere Zeichenabenteuer online (#greensketching).
8. Mit jeder Kritzelei verbinden wir uns mehr mit der Natur.

TEIL II

ANLEITUNG

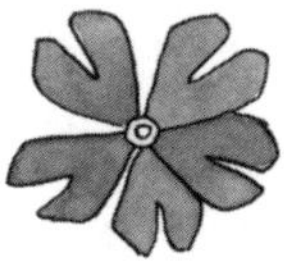
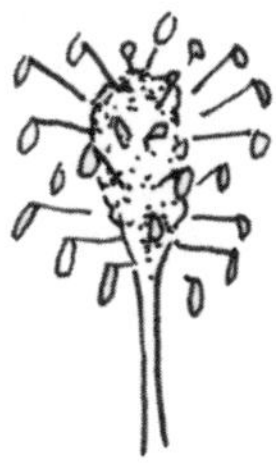

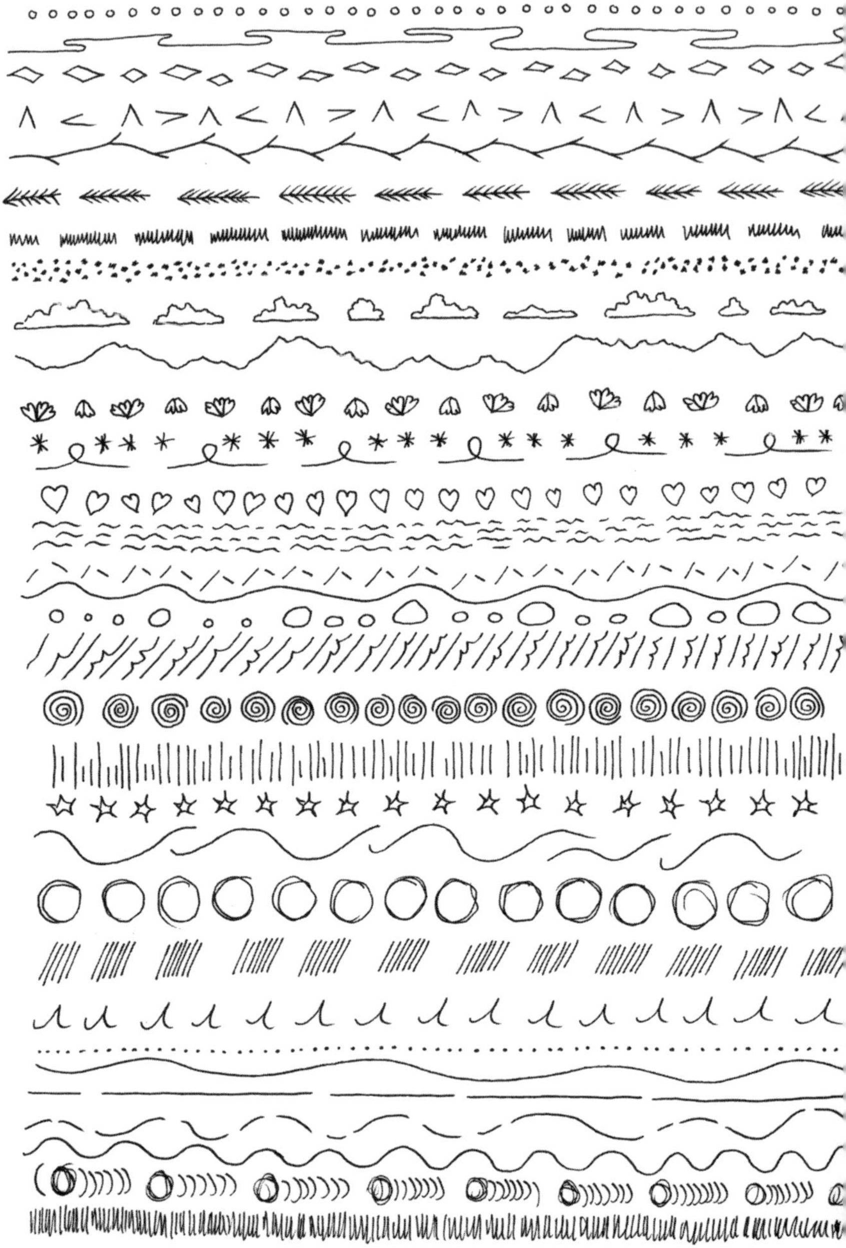

KAPITEL 5

SIEH DIE WELT MIT NEUEN AUGEN

Sie sehen, aber sie beobachten nicht.

Sherlock Holmes in *Ein Skandal in Böhmen*
von Sir Arthur Conan Doyle

Wir alle sehen die Welt auf unsere ganz eigene Art. Mein Sohn entdeckt das kleinste Stückchen Zwiebel in der Suppe, bemerkt aber nicht, dass seine Legosteine über den ganzen Fußboden verstreut sind. Mir fällt ein Zaunkönig auf der anderen Seite des Feldes auf, doch für den Rost an meinem Auto bin ich völlig blind. Und mein Mann sieht, dass die Dachrinne verstopft ist, hat aber keine Ahnung, dass unten in der Wand ein Vogel nistet.

Warum nehmen wir die Welt so unterschiedlich wahr? Das liegt daran, dass unsere Augen bis zu fünfzig Objekte pro Sekunde erfassen können und so eine gewaltige Menge visueller Informationen erzeugen. Unsere Gehirne müssen diese Daten filtern und interpretieren, um einen völligen Reizoverkill zu verhindern. Dieser Prozess, den wir »visuelle Wahrnehmung« nennen, besteht aus einer komplexen Interaktion zwischen unseren Augen und unserem Gehirn, die von früheren Erfahrungen, unseren Emotionen, Sehnsüchten, kognitiver Voreingenommenheit, unserer Kultur, unseren Werten und Überzeugungen geprägt ist[28]. Klingt kompliziert – ist es auch! Mehr als die Hälfte unseres Gehirns ist dem Sehprozess gewidmet. Aber das Resultat dieses komplexen Vorgangs ist, dass wir nur das wahrnehmen, auf das wir achten und was uns wichtig ist. Genau deshalb ist unsere Aufmerksamkeit solch ein kostbares Gut.

Für die meisten von uns bedeutet Aufmerksamkeit, dass wir uns nicht ablenken lassen. Es bedeutet, dass wir an einer Sache dranbleiben und nicht alle zwei Minuten die Nachrichten, Instagram oder unsere E-Mails checken. Uns allen ist klar, dass die Art, *wie* wir uns auf Dinge konzentrieren, Verbesserungspotenzial hat. Es ist auch wichtig, *wem* oder *was* wir unsere Aufmerksamkeit schenken! Dabei geht es unter anderem um Bildschirmzeit, aber nicht nur. Wir sehen auch viel, wenn wir nicht scrollen. Wir bemerken, wie fahl wir im Spiegel aussehen; wir bemerken das Auto unseres neuen Nachbarn und die Farbe seiner Haut; wir bemerken die neuesten Kinkerlitzchen in den Läden, die wir furchtbar gerne haben wollen, aber eigentlich nicht brauchen; wir bemerken, dass ein Freund abgenommen hat oder das mangelnde Interesse in einem geliebten Gesicht.

Das ist natürlich nicht alles schlecht; wir sehen auch eine Menge guter Dinge. Aber unsere Gehirne haben einen Negativitätsbias, was bedeutet, dass wir unsere Aufmerksamkeit eher auf negative Informationen richten. Deswegen konzentrieren wir uns so sehr auf Details, die dafür sorgen, dass wir uns ängstlich, schlecht oder unzureichend fühlen. Und das nährt unsere Überzeugung, dass wir nicht genug haben; dass wir nicht gut genug sind.

Das muss aber nicht so sein! Unsere Aufmerksamkeit ist kein automatischer Reflex. Trotz all des Drucks und der Ablenkungen, die von unserem modernen Lebensstil ausgehen, können wir uns aussuchen, worauf wir uns konzentrieren. Wir können unser Gehirn dahingehend trainieren, mehr von dem wahrzunehmen, was uns guttut. Und Greensketching ist eine der besten Methoden

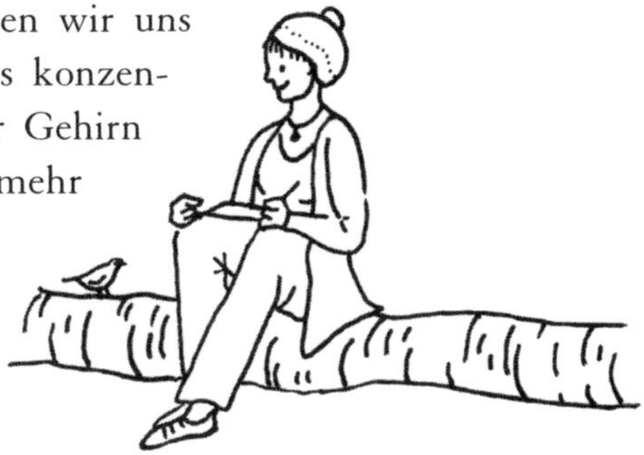

dafür – indem wir unsere kostbare und begrenzte Aufmerksamkeit absichtlich auf die Schönheit, die Freude und die Wunder der Natur richten. Wenn wir ändern, was wir sehen, dann ändern wir auch, wie wir uns fühlen.

ENTDECKE DEINE SUPERKRÄFTE!

Ich würde gern eine schnelle Übung ausprobieren. Sie ist wichtig, also lass sie bitte nicht aus! Wenn du nur eine einzige Übung aus diesem Buch machst, dann bitte diese.

1. Denk an eine gewöhnliche Blume oder ein Blatt, von dem du weißt, dass du es zu dieser Jahreszeit problemlos draußen findest. Etwas wie ein Gänseblümchen, ein Löwenzahn oder ein Stechpalmenblatt sind gut geeignet.
2. Schnapp dir einen Stift und ein Blatt Papier und zeichne dieses Objekt aus dem Gedächtnis heraus.
3. Sobald du es gezeichnet hast, geh hinaus und finde ein echtes Exemplar davon. Zeichne es noch einmal draußen. Mach dir keine Sorgen darüber, »wie« du es zeichnest, leg einfach los. Du musst deine Skizzen niemandem zeigen.
4. Vergleiche die beiden Zeichnungen. Wodurch unterscheiden sie sich? Was hat deine beobachtende Skizze offenbart? Ist dir irgendetwas zum ersten Mal aufgefallen?

Diese einfache Übung offenbart die Magie der Beobachtung – eine echte Superkraft, die wir alle haben, aber so oft vergessen. Wir gehen davon aus, dass wir wissen, wie Dinge aussehen. Und dennoch zeigt diese Übung, wie unzuverlässig unsere Annahmen sein können und wie viel mehr wir sehen, wenn wir ein bisschen langsamer machen und Dinge zeichnen, während wir sie beobachten.

Das Ziel des Greensketching ist zu lernen, wie man *sieht,* nicht, wie man *zeichnet*. Ich sollte an dieser Stelle erwähnen, dass zu Beginn eine gewisse Diskrepanz zwischen dem, was du siehst, und dem, was du zu Papier bringst, entstehen kann. Wenn du dich darauf konzentrierst, wirst du frustriert und entmutigt sein. Sollte das passieren, denk an diese Übung und den Fakt, dass deine perfekt unperfekten Zeichnungen eine andere, viel wichtigere Diskrepanz in Angriff nehmen: die zwischen Hinschauen und gar nicht Hinschauen.

Die Qualität deiner Zeichnung ist irrelevant.
Es die Beobachtung, die zählt!

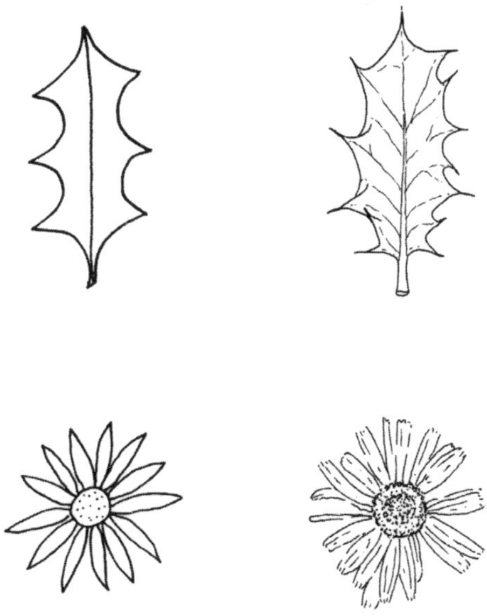

SEHEN LERNEN

In dem Moment, in dem du zu zeichnen beginnst, hörst du auf, die Natur als eine Sammlung identifizierbarer Objekte wahrzunehmen – ein Baum, ein Hügel, ein Fels, zum Beispiel –, und beginnst stattdessen, sie als eine Kombination von Formen, Linien, Winkeln, Licht und Farbe zu sehen. Es ist, als würde man eine neue Sprache lernen, eine visuelle eben. Wenn du Schreiben lernst, musst du erst einmal die einzelnen Buchstaben des Alphabets erkennen. So ist es auch, wenn du mit dem Zeichnen beginnst: Du entdeckst, dass alles in der Natur, von einer weitläufigen Landschaft bis hin zu einer winzigen Muschel, mit einem begrenzten Wortschatz aus Linien und Formen beschrieben werden kann. Alles, was du benötigst, sind gerade Linien, Wellenlinien, Punkte, Striche, Kurven, Punkte, Spiralen, Kugeln, Kegel und Röhren. Schattierungen und Farben können einer Zeichnung Leben einhauchen, aber sie sind nicht zwingend nötig. Natürlich braucht es Übung, um diese unterschiedlichen visuellen Elemente zusammenzubringen – so wie es auch Übung braucht, einen Satz in einer neuen Sprache zu schreiben. Aber du kannst sofort beginnen, das, was du siehst, in die unterschiedlichen visuellen Elemente zu übersetzen.

Probier es aus: *Geh raus und schau, wie viele unterschiedliche Linien und Formen du findest.*

Natürlich bedeutet Beobachten mehr als schlichtes Wiedererkennen. Es beinhaltet Interpretation, das Hinterfragen und Finden von Bedeutung in dem, was man sieht. Das Zeichnen ist auch deswegen ein so wirkungsvolles Beobachtungswerkzeug, weil es hilft, Objekte nicht mehr isoliert, sondern im Verhältnis zueinander zu betrachten. Du siehst dir Position und Proportion eines Objekts im Verhältnis zu einem anderen an. Und du bemerkst beispielsweise, dass der Schmetterling auf einem Blatt sitzt, das einen Zweig überdeckt, der wiederum mit Moos überzogen ist, welches sich über den Stamm erstreckt, der von Brennnesseln umgeben ist, die sich bis zu einem See ausgebreitet haben, in dem sich eine kleine weiße Wolke spiegelt, die über den blauen Himmel treibt und dich zum Lächeln bringt … Je mehr du zeichnest, desto mehr fällt dir auf, dass alles zusammenhängt.

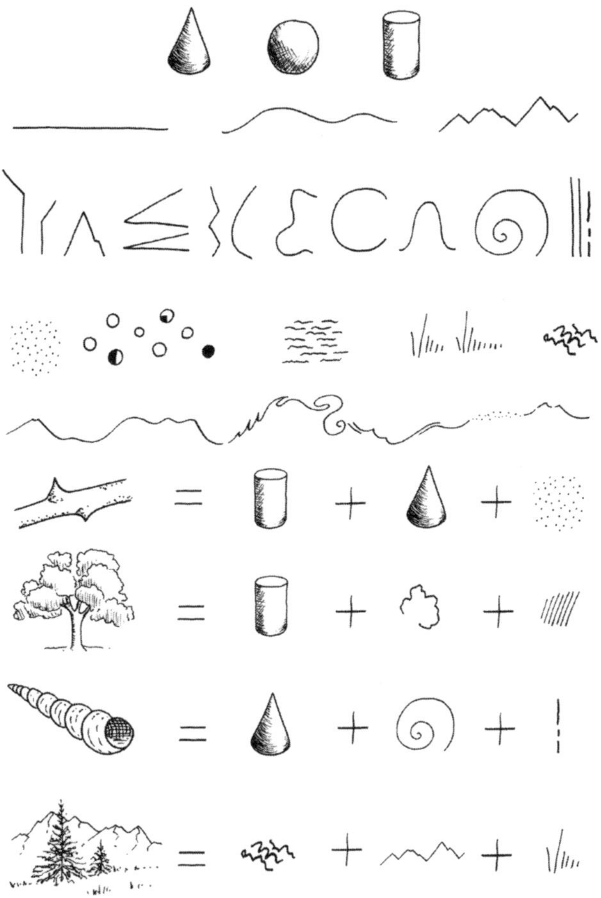

LUFTZEICHNEN

Hier kommt eine weitere einfache Beobachtungsübung. Geh hinaus, irgendwohin, wo du eine relativ natürliche/grüne Umgebung siehst. Du brauchst einen Stift, aber kein Papier.

Jetzt versuch mal, den Ausblick vor dir mit dem Stift nachzufahren, als könntest du direkt hinein in die Landschaft zeichnen. Mach es so langsam wie möglich, damit du all die Veränderungen des Winkels wahrnehmen kannst, die dein Stift einnimmt, während er über die Szenerie vor dir gleitet. Stell dir vor, dass du deinen Stift auf einen Spaziergang durch die Umgebung ausführst, über all die Hubbel, Formen und Linien hinweg. Wenn es hilft, tu einfach so, als würdest du durch ein leicht beschlagenes oder staubiges Fenster gucken. Du kannst zwar noch durchschauen, aber nicht so richtig: Du kannst viele Details nicht erkennen, eher die Hauptformen. Zeichne diese Hauptumrisse und Formen nach.

In die Luft hinein zu zeichnen mag dir ein bisschen dumm vorkommen (und vielleicht ist es dir deswegen lieber, wenn dir dabei niemand zusieht), aber es ist eine tolle Aufwärmübung für deine Hand-Augen-Koordination. Außerdem hilft es, die Welt als eine Reihe von Formen, Linien und Winkeln wahrzunehmen statt als wiedererkennbare Objekte. Und weil du keinerlei physische Striche auf ein Blatt machst, gibt es absolut keinen Grund, sich Sorgen zu machen.

Sag, was du siehst

Ändere nun deine Position und zeichne einen etwas anderen Ausschnitt. Zeichne wieder in die Luft hinein und versuch dieses Mal, das Gesehene in Worte zu fassen und die Reise deines Stiftes zu beschreiben. Du kannst das leise in deinem Kopf tun oder laut (wenn niemand in der Nähe ist). Es klingt dann vielleicht etwa so: »Lass uns hier beginnen … dann geht es ein Stückchen weiter … dann bewegen wir uns langsam hinauf … dann noch ein Stück weiter … und dann in einem scharfen Winkel nach unten … anschließend überqueren wir den anderen Hügel … dann geht es ein Stück weiter … über den zerklüfteten Wald hinweg … das Feld hinab …« Wenn du beschreibst, was du siehst, während du den Stift bewegst, hilfst du deinem Gehirn, das Gesehene zu verarbeiten.

Zeichne mit deinen Augen

Es mag viele Situationen geben, in denen es nicht angemessen oder passend ist, in die Luft zu zeichnen oder zu verbalisieren, was du siehst. Du kannst aber immer noch das »Zeichnen mit den Augen« für dich nutzen, um dir im Stillen vorzustellen, wie du den Anblick vor dir nachzeichnest und von deinen kleinen Beobachtungen berichtest. Wenn irgendjemand meine Gedanken lesen könnte, wenn ich gerade meine Kinder von der Schule abhole, dann könnte er sehen, dass ich meine Umgebung mental zeichne. Es ist eine Form des achtsamen Beobachtens und eine super Alternative zum Tagträumen oder dem Starren auf dein Handy, wenn du gerade Beifahrer in einem Auto bist oder in einem langweiligen Meeting oder einer Unterrichtsstunde feststeckst.

Probier es aus: *Wenn du das nächste Mal irgendwo festsitzt, versuch den Blick aus dem Fenster mit deinen Augen nachzuzeichnen. Falls dich jemand fragt, was du da machst, sag einfach, dass du deine Beobachtungsgabe trainierst!*

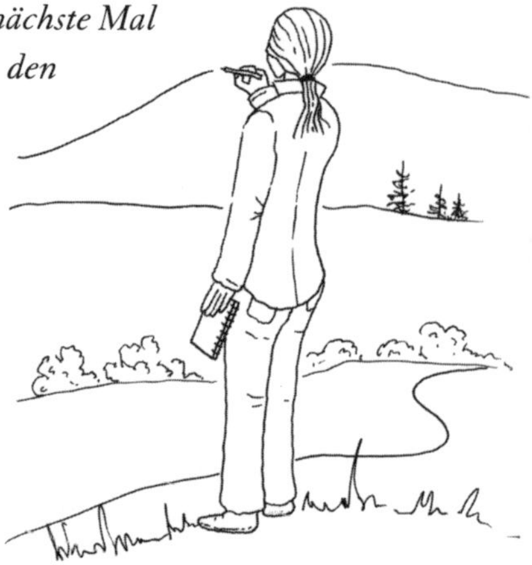

BLINDZEICHNEN

Für diese Übung brauchst du Papier. Such dir etwas relativ Kleines und leicht Zeichenbares aus, ohne zu viel nachzudenken. Ein interessantes Blatt, ein Stöckchen oder eine Blume sind völlig ausreichend. Jetzt sieh dir das Objekt genau an und fang an, es zu zeichnen. Richte deine Aufmerksamkeit die ganze Zeit auf das Objekt und schau nicht auf das Blatt, egal, wie groß die Versuchung ist. Zeichne das, was du siehst, so langsam und sorgfältig, wie du nur kannst. Sobald du fertig bist, schau auf das Papier. Es wird vermutlich ein ziemlich abstraktes Chaos aus sich überschneidenden, unsinnigen Kringeln sein. Denk dir nichts dabei – das ist ganz normal. Wirf einen Blick hinter das Gewirr und sieh nach, ob du irgendwelche Linien oder Winkel herauspicken kannst, die dem ähneln, was vor dir liegt.

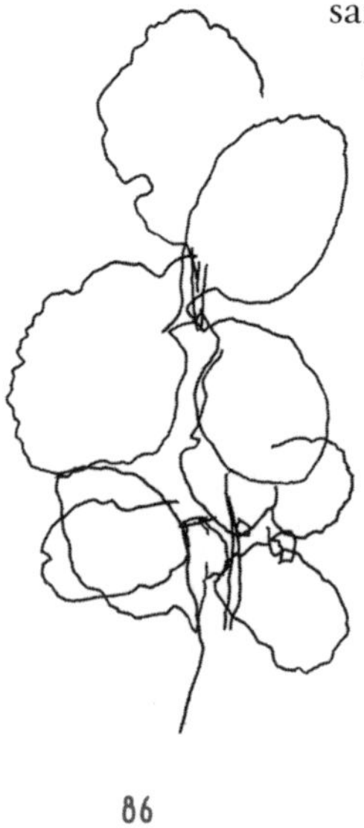

Das ist eine klassische Zeichenübung, die in den Kunstschulen beliebt ist und »blindes Konturenzeichnen« genannt wird. Es trainiert dich darin, das Objekt selbst länger anzusehen als das Blatt. Es ist eine der besten Methoden, um die Hand-Augen-Koordination zu stärken. Gleichzeitig ist es nichts, worin du »gut« wirst – dein Ziel sollte auch nicht sein, die perfekte »blinde« Zeichnung zu erzeugen. Aber je öfter du diese Übung machst, desto mehr wirst du deiner Hand vertrauen. Du kannst die Übung auch leicht abwandeln und ab und zu aufs Papier gucken, um zu sehen, ob der Stift an der richtigen Stelle ansetzt. Aber versuch dennoch, den Blick so viel wie möglich auf den Gegenstand zu richten. Je mehr du das machst, desto mehr Elemente deiner kringeligen Zeichnung werden deiner Vorlage ähneln.

GEISTERZEICHNEN

Wenn du immer noch zögerst oder ängstlich bist, was das Zeichnen angeht, dann ist vielleicht das »Geisterzeichnen« etwas für dich. Ich habe diesen Namen für das Zeichnen mit einem weißen Stift erfunden (du kannst auch einen Zweig oder einen stumpfen Stift verwenden, wenn du keinen weißen hast). Wie beim Blindzeichnen geht es auch hier um die Übung, das zu zeichnen, was du vor dir hast, ohne dabei auf deine Zeichnung zu sehen. Natürlich fehlt hier die Rückversicherung durch die sichtbaren Striche, wie du sie beim Blindzeichnen mit einem normalen Stift machen würdest. Aber es ist eine befreiende Übung für all jene, die denken, sie könnten nicht zeichnen. Oder auch für diejenigen, die zu sehr mit der optischen Erscheinung ihrer Zeichnung (gut oder schlecht) beschäftigt sind.

EIN WORT ZUM THEMA GENAUIGKEIT

Generell gilt: Je sorgfältiger du zeichnest, desto aufmerksamer bist du und desto mehr siehst du. Wenn du mit den Übungen aus dem Buch weitermachst, fällt dir vielleicht auf, dass du wirklich gern realistische Zeichnungen anfertigst. Vielleicht liegt dir auch ein lässigerer Stil mehr oder du entwickelst deine eigene visuelle Kurzschrift für das, was du siehst. Auch gegen Lollipop-Bäume ist nichts einzuwenden! Es geht um die Zeit, die du dem Betrachten der Bäume widmest, nicht um die Genauigkeit.

Vergiss nicht, dass eine Skizze nicht gut aussehen oder exakt sein muss, um etwas wert zu sein.

TIPPS FÜR EINE NEUE PERSPEKTIVE

Achte darauf, wie alles sich unterscheidet, und sei es auch nur geringfügig – achte auf die unterschiedlichen Größen, Formen, Winkel und Farben.

Achte darauf, wie selten die Dinge so perfekt wie in deiner Vorstellung sind. Wenn wir einen Baum aus dem Gedächtnis heraus zeichnen, ist er meist ziemlich symmetrisch. In der Natur ist das sehr selten der Fall; bei Bäumen, Blumen und Tieren fehlt zur Symmetrie immer mal ein kleiner Teil, gibt es irgendwo einen schiefen Winkel, einen seltsamen Fleck. Achte darauf, wie oft du nach perfekten Dingen suchst, um sie zu zeichnen. Was sagt diese Suche nach Perfektion über dich aus?

Achte darauf, ob du eher nach unten oder nach oben guckst. Wo liegt dein blinder Fleck? Wohin vergisst du manchmal zu schauen?

Achte darauf, wie viel mehr du siehst, wenn du dein Leben entschleunigst. Wenn du mit dem Rad fährst statt mit dem Auto; wenn du schlenderst, statt zu rennen; wenn du zeichnest, statt zu fotografieren. Wenn du mehr sehen willst, dann mach mal langsam!

Achte darauf, wie ein bestimmter Ort sich mit der Zeit verändert. Such dir einen Lieblingsplatz im Garten oder ein schönes Fleckchen in deiner Umgebung, wie zum Beispiel einen Baum, unter dem du sitzen kannst. Manche Leute nennen das einen *Sit Spot* – einen Ort, den du liebst, an den du regelmäßig zurückkehren kannst und an dem du den Wandel der Landschaft Tag für Tag beobachten kannst, Jahreszeit für Jahreszeit, Jahr für Jahr.

Achte darauf, was du siehst, wenn du deine Perspektive änderst. Welche Details fallen dir auf, wenn du näher rangehst? Welche Verbindungen und Beziehungen beobachtest du, wenn du dich wieder entfernst? Wie verändern sich Formen, Helligkeit und Farben, wenn du von einem anderen Standpunkt aus schaust, aus einem anderen Winkel, zu einer anderen Tageszeit?

KAPITEL 6

AUF DIE KLEINEN DINGE KOMMT ES AN

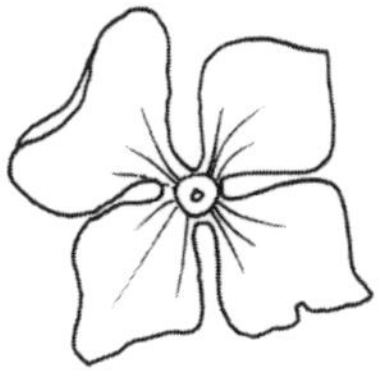

Alles hat seine ureigene Schönheit,
aber nicht jeder bemerkt sie.

Konfuzius

Jetzt, wo du den Zauber deiner eigenen Beobachtungsgabe entdeckt hast, ist es Zeit, mit dem Freude-Entdecken zu beginnen! Ich werde dich durch eine Reihe simpler Zeichenübungen führen, die dir beim Entschleunigen und Entspannen helfen. Sie werden die Art und Weise ändern, wie du die Natur siehst, genießt und wertschätzt.

WAS DU BRAUCHST

Alles, was du für dieses Kapitel brauchst, ist ein leeres Blatt (oder ein Skizzenbuch, wenn du eines hast) und einen Bleistift oder einen beliebigen anderen Stift. Ein Timer ist hilfreich, aber nicht zwingend notwendig. Später werden wir noch mit unterschiedlichen Zeichenmaterialien experimentieren, aber erst einmal brauchst du nichts weiter.

Ehe wir beginnen, horch kurz in dich hinein. Wie geht es dir? Du musst nicht vor Selbstbewusstsein strotzen, aber das richtige Mindset macht trotzdem einen riesigen Unterschied.

Deine Checkliste für dein Greensketching-Mindset

- Erinnere dich dran, weshalb du dich für Greensketching entschieden hast: weil du ruhiger, glücklicher und naturverbundener werden möchtest.
- Vergiss nicht, dass es auf den Prozess des Schauens, Zeichnens und Genießens der Natur ankommt, nicht auf die Qualität deines Kunstwerks.

- Überprüfe, ob deine Erwartungen realistisch sind. Du würdest ja auch nicht davon ausgehen, dass du ein Konzert spielen kannst, sobald du dich an ein Klavier setzt. Gestatte dir also, auch beim Zeichnen ein Anfänger zu sein, und akzeptiere, dass dein Selbstbewusstsein und deine Fähigkeiten durch die Übung wachsen werden.
- Was auch immer deine Hand und der Stift fabrizieren: Nimm es an, mit Neugier und Mitgefühl für dich selbst.
- Entspann dich und hab Spaß: Es ist nur eine Kritzelei!

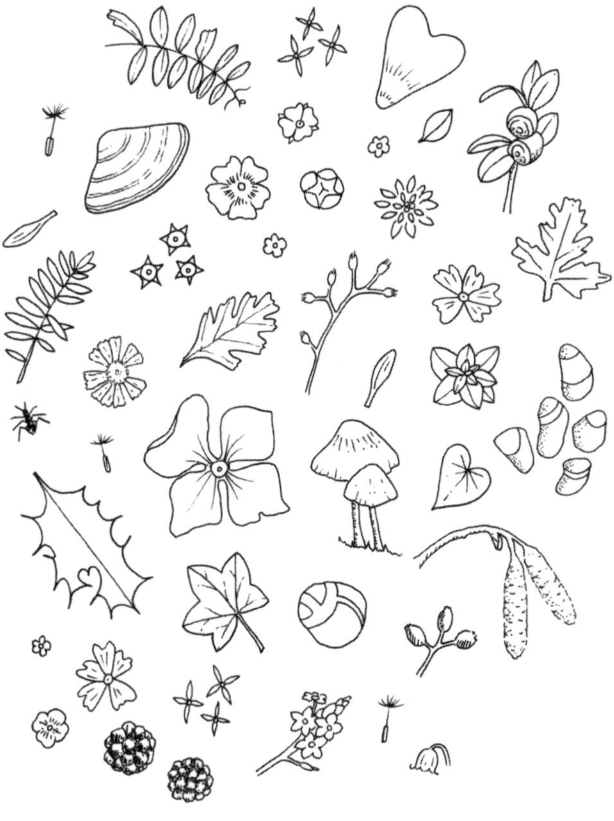

EIN SCHNELLES KRITZEL-WARM-UP

Bist du bereit, mit dem Zeichnen loszulegen? Lass uns mit einem schnellen Kritzel-Warm-up beginnen. Es ist eine spielerische Art, deine »Zeichenmuskeln« zum Leben zu erwecken und sämtliche in dir schwelenden Ängste vor dem Zeichnen zu überwinden.

- Zeichne ein großes Quadrat und unterteile es anschließend in zwei Hälften. Füll die eine mit Kritzeleien und verwende dafür eine große Vielfalt an Formen und Strichen.
- Hör nach etwa einer Minute auf, halte inne und versuch dann, deine Kritzeleien in die noch freie Hälfte des Quadrats zu kopieren.
- Versuch jetzt, meine Kritzelkästchen auf ein neues Blatt Papier zu übertragen.

Wenn du diese Kritzeleien kopieren kannst, kannst du alles zeichnen. Du musst ein solches Warm-up nicht jedes Mal machen, bevor du zeichnen gehst (schließlich ist der ganze Witz am Greensketching ja die Geschwindigkeit und Leichtigkeit). Es lohnt sich aber, ein paarmal auszuprobieren, wie lang es dauert, die erste Unbeholfenheit beim Zeichnen zu überwinden. Wenn ich kein Warm-up mache, sollte ich nicht überrascht oder gar frustriert sein, wenn meine ersten paar Zeichnungen besonders krumm und ungeschickt werden. Sich aufzuwärmen dauert immer seine Zeit, egal, ob wir zeichnen, Klavier spielen oder auch nur Kartoffeln schälen.

Wenn du die Aufwärmübungen hilfreich findest, dann vergiss nicht, dass du auch Blind- oder Luftzeichenübungen aus dem vorangegangenen Kapitel als Warm-up machen kannst.

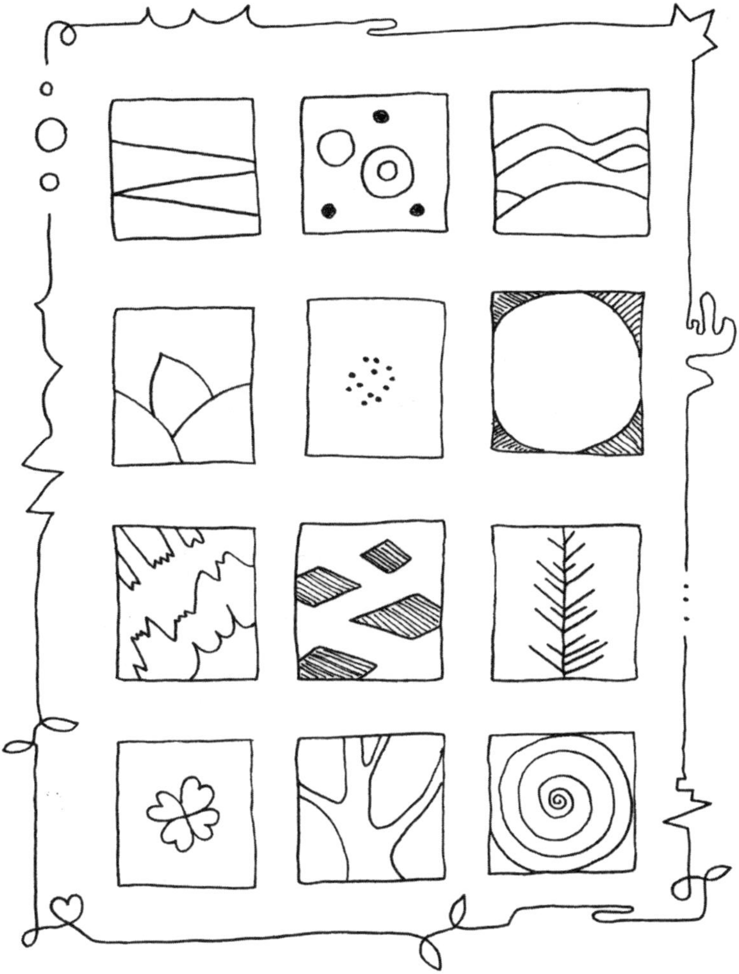

UND WAS WIRD GEZEICHNET? ALLES BEGINNT MIT DEM FREUDE-ENTDECKEN

Im nächsten Schritt geht es darum, ein Zeichenmotiv zu finden. Das kann schwerer sein, als es klingt. Sobald du dich umsiehst, wird die Auswahl überwältigend sein. Um die Sache zu erleichtern, solltest du dir angewöhnen, nur die Motive zu zeichnen, die deinen Blick etwas länger auf sich ziehen oder deine Neugier wecken; Dinge, die dich zum Lächeln bringen oder bei denen du etwas wie »Wow!«, »Huch« oder »Das ist mir ja noch nie aufgefallen« denkst. Zeichne lieber nichts, nur weil du glaubst, dass du es zeichnen solltest oder von dem du denkst, es wäre »gut für dich«. Vorsätzliches Zeichnen ist ein prima Zeitvertreib, aber nicht Sinn und Zweck des Greensketching. Je mehr Dinge du zeichnest, die Erstaunen, Begeisterung und Neugier in dir auslösen, desto mehr trainierst du dein Gehirn, gezielt nach ihnen Ausschau zu halten. Und je mehr du von ihnen siehst, desto mehr Freude empfindest du und desto mehr willst du draußen zeichnen. Es ist sozusagen eine Aufwärtsspirale in Sachen Freude-Entdecken!

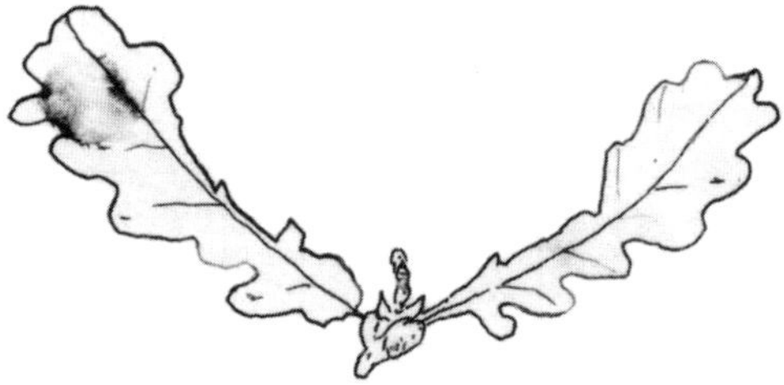

HALT ES KLEIN UND EINFACH

Auch wenn weitläufige Ausblicke, Winterbäume und kleine Vögelchen zweifellos Freude machen, wäre ich beim Zeichnen vorsichtig. Natürlich hält dich nichts davon ab, es einfach zu versuchen, aber ich würde dir dennoch raten, mit etwas Simplerem zu beginnen – und auf jeden Fall Motive zu vermeiden, die sich bewegen. Es ist wichtig, dass du Selbstbewusstsein aufbaust und es nicht gleich durch überambitionierte Projekte wieder zerstörst und enttäuscht bist. Wenn wir sagen, dass wir »nicht zeichnen können«, meinen wir damit meist, dass wir nichts »Kompliziertes zeichnen können«. Noch nicht.

Die beste Art, es einfach zu halten, ist, es klein zu halten. Sieh dich zu Beginn erst einmal nach einzelnen Blumen, Kieseln, Muscheln oder Blättern um, die du zeichnen kannst, ehe du dich an die ganze Pflanze oder Szenerie heranwagst. Du kannst sogar noch »kleiner werden« und einzelne Blütenblätter, Samen oder Grashalme zeichnen. Vielleicht ist es dir lieber, dich auf Muster und Details zu konzentrieren – es muss ja nicht gleich ein ganzes Objekt sein. Folge einfach deiner Neugier und schau, was du findest. Wenn du mehr Selbstvertrauen hast, kannst du beginnen, komplexere Dinge zu zeichnen. Oder du suchst einfach weiter nach winzigen Motiven – ganz, wie du magst.

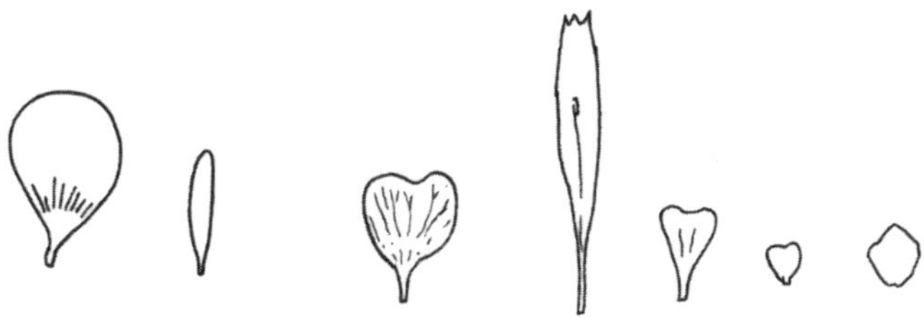

Sorg dich nicht, wenn es dir zu Beginn schwerfällt, interessante Motive zu finden. Wie alles andere auch braucht das Entdecken kleiner Schätze Übung. Sobald du aber damit begonnen hast, wirst du eine Fülle an Wundern und Schönheit bemerken und genießen, die vielen Leuten nie auffällt.

IMMER MIT DER RUHE

Na, bereit zum Zeichnen? Für diese Übung brauchst du einen Timer (wenn du keinen hast, schätz die Zeit einfach so gut du kannst). Such dir ein kleines und einfaches, aber nicht *zu* einfaches Motiv, das dir ins Auge sticht – ein interessantes Blatt, eine Blume oder einen Beerenzweig etwa.

- Stell den Timer auf zehn Sekunden (jep, nur zehn Sekunden!) und leg mit dem Zeichnen los. Die Zeit ist so knapp, dass du nur das Essenziellste deines Motivs abzeichnen kannst, vielleicht die Grundform, aber nicht viel mehr. Versuch es ein paar Mal. Die Teilnehmer meiner Workshops müssen bei dieser Übung oft lachen, weil es eine riesige Herausforderung ist. Diese Übung kann also eine super Methode sein, um dich auf zweifache Weise zu entspannen: Lachen macht locker und außerdem bleibt keine Zeit, dir den Kopf darüber zu zerbrechen, ob du es »richtig« machst oder nicht.
- Als Nächstes stellst du den Timer auf dreißig Sekunden und zeichnest dasselbe Objekt. Du wirst merken, wie viel mehr du siehst und aufs Papier bringst.

- Zeichne das Motiv erneut und gib dir dieses Mal eine ganze Minute Zeit dafür.
- Und schließlich stellst du den Timer auf zwei Minuten und machst eine letzte Skizze.

Wie war das für dich? Ich wette, die zwei Minuten kamen dir wie eine Ewigkeit vor, oder? Es ist faszinierend, wie unsere Zeitwahrnehmung sich ändert, wenn wir völlig ins Zeichnen vertieft sind. Welche Zeichnung hat dir am meisten Spaß gemacht? Das kann einen wichtigen Hinweis darauf geben, welcher Zeichenstil dir am meisten Freude bereitet: schnell und mit spontanem Strich oder vorsichtig und überlegt? In Kapitel 9 wirst du mehr darüber erfahren, wie du auf deine eigene Art und für dein eigenes Wohlbefinden zeichnen kannst.

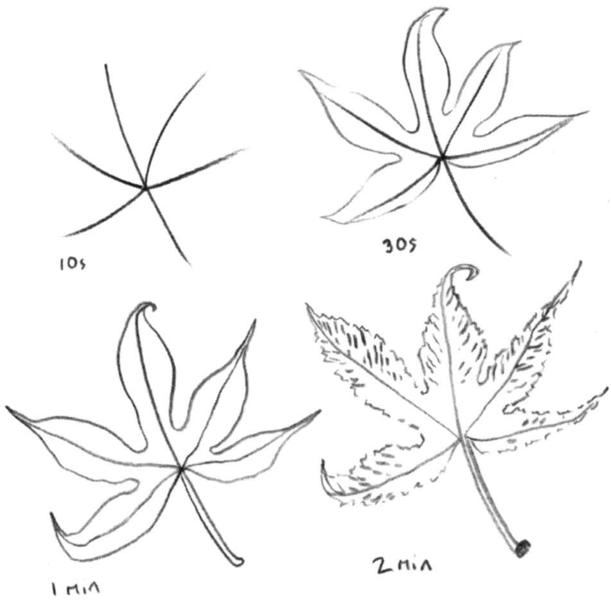

Wie haben sich deine Beobachtungen mit der Zeit verändert? Was hat der Anblick eines bestimmten Blatts, einer bestimmten Blume in dir ausgelöst? Indem du ein Objekt zeichnest, veränderst du deine Beziehung zu ihm. Vielleicht weißt du es hinterher ein wenig mehr zu schätzen? Erinnere dich an diese Übung, wenn du dir das nächste Mal einreden willst, du hättest zu wenig Zeit zum Zeichnen. Du brauchst nur zwei Minuten!

NOCH LANGSAMER

Für diese kleine Übung brauchst du ein weiteres kleines, aber interessantes Motiv. Und dann leg los und zeichne es! Lass dir so viel Zeit, wie du möchtest, aber vergiss nicht, dass es nur eine Kritzelei ist.

Jetzt möchte ich, dass du es noch mal zeichnest, aber es dieses Mal zwei Minuten lang nur betrachtest, ehe du beginnst. Du musst die Zeit nicht stoppen, sieh dir das Motiv einfach eingehend und mit ungeteilter Aufmerksamkeit an. Vielleicht versuchst du, das Objekt in Gedanken zu beschreiben. Berühr es. Lern es so gut kennen, wie du kannst, und dann zeichne es.

Hinterher vergleichst du die zwei Skizzen und die zwei Zeichenerfahrungen: Was ist dir bei der zweiten Zeichnung zusätzlich aufgefallen? Ich finde es erstaunlich, wie viel mehr ich bemerke, wenn ich den Vorgang verlangsame und wirklich genau hingucke.

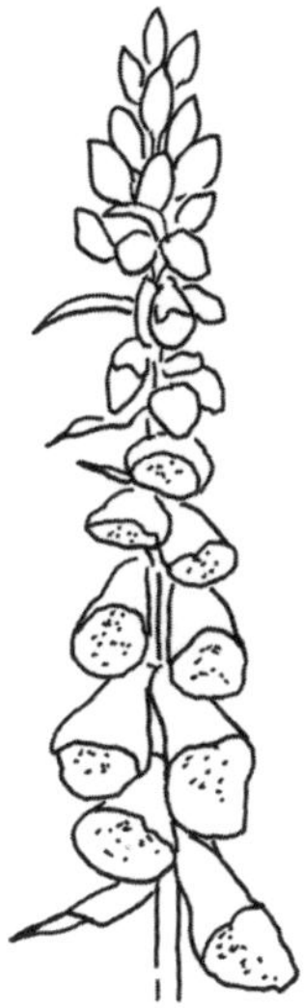

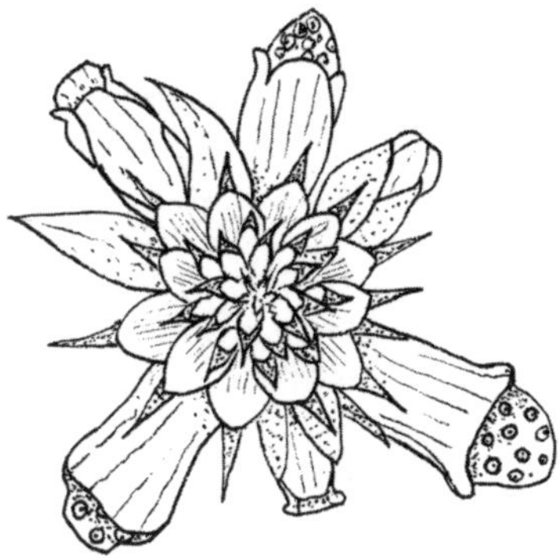

UND JETZT NOCH LANGSAMER

Such dir ein weiteres kleines, leicht zu zeichnendes Objekt. Dieses Mal möchte ich, dass du mit einer drastischen Verlangsamung deiner Zeichengeschwindigkeit experimentierst. Stell dir vor, dass du eine nervöse, zögerliche Ameise bist, die über das Papier krabbelt. Jedes Mal, wenn du einen Strich machst, hältst du inne und schaust wieder zu dem Gegenstand. Sieh dir deinen kleinen Schatz an und lass dir Zeit mit der Entscheidung, welchen Teil davon du als Nächstes zeichnest; dann mach die nächste Markierung. Lass deinen Blick langsam zwischen Motiv und Blatt hin und her tanzen. Vielleicht findest du diese Übung erst etwas merkwürdig, aber bleib am Ball. Denn dann wirst du deinen eigenen angenehmen Rhythmus des Schauens, Innehaltens und Zeichnens finden.

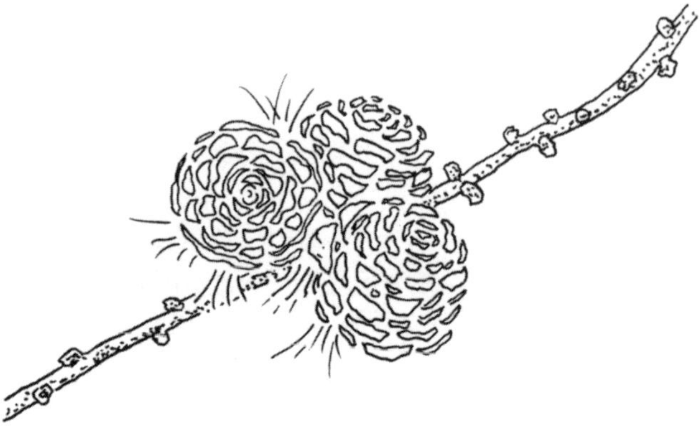

RAHM DEINE FREUDE EIN

Jetzt ist es an der Zeit, ohne weitere Vorgaben von mir mit dem Skizzieren zu beginnen. Wie du das machst, bleibt natürlich ganz dir überlassen. Vielleicht willst du eine ganze Seite mit sich überschneidenden Schichten von Kritzeleien füllen. Oder du beginnst mit ein paar zögerlichen Beobachtungen in einer Ecke der letzten Seite deines Skizzenbuchs (ich zumindest beginne nie auf der ersten Seite!). Wenn es dir schwerfällt loszulegen, versuch es mit ein wenig Struktur. Ich zeichne gern ein paar kleine Quadrate, die ich dann Stück für Stück fülle. Das geht schnell, senkt die Hemmschwelle und so eine Sammlung kleiner Vierecke kann seltsamerweise ziemlich befriedigend sein.

Wenn es dein Ding ist, benutz ein Lineal, um die Kästchen anzulegen. Ich zeichne meine krummen Quadrate meist freihändig. Je nach Größe meines Skizzenbuchs passen meist drei davon in eine Reihe. Gelegentlich lege ich die

Rahmen schon an, ehe ich zu einer Exkursion aufbreche, aber meist zeichne ich sie erst vor Ort.

Probier es aus! Schau, ob du neun kleine Quadrate mit freudvollen Beobachtungen füllen kannst. Vergiss nicht, genau hinzusehen und das zu zeichnen, was du wirklich siehst; nicht das, was du zu sehen erwartest. Und halt dir eines immer vor Augen: Die Skizzen sind nur für dich. Du musst sie niemandem zeigen.

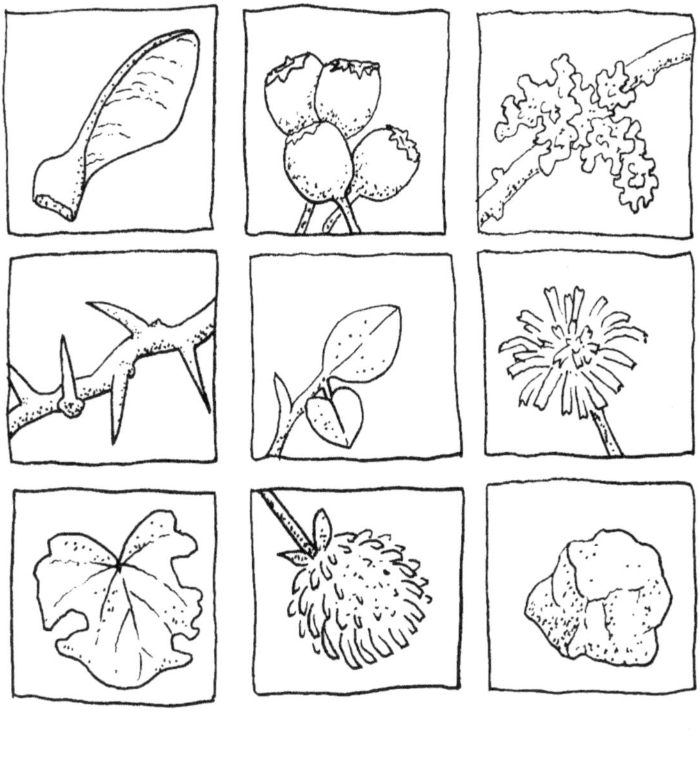

JE MEHR, DESTO BESSER

Wenn wir uns ein bisschen ähneln, dann bist du bestimmt auch der Meinung, dass dir einige Kritzelquadrate besser gelungen sind als andere. Ganz egal, wie sehr wir uns bemühen, uns auf den Prozess zu konzentrieren: Wir sind dennoch schnell enttäuscht, wenn wir eine Sammlung schöner Skizzen mit ein paar krummen Kritzeleien »verdorben« haben.

Und dafür musst du noch nicht einmal einen »Fehler« gemacht haben; es reicht, dass du fieberhaft versucht hast, neun perfekte kleine Zeichnungen anzufertigen. Ich verstehe das. Der Impuls, unsere Kunst zu beurteilen, ist schwer abzulegen, ganz besonders am Anfang.

Das beste Mittel gegen diese Art von Leistungsangst ist es, eine MENGE Kritzeleien anzufertigen! Je mehr du zeichnest, desto einfacher wird es. Versuch, erst einmal nur ein kleines Motiv auszuwählen und es auf mindestens neun verschiedene Arten zu zeichnen. Probier, es mal schnell zu zeichnen, dann aus verschiedenen Winkeln, indem du Punkte oder Striche benutzt, viele Details oder gar keine. Es nimmt dir den Druck, die eine perfekte Skizze zu machen, und lässt Raum für Experimente. Wiederholtes Zeichnen wird deine Wahrnehmung schärfen und dir helfen, die Wunder der Natur mit noch größerer Klarheit zu sehen und zu genießen.

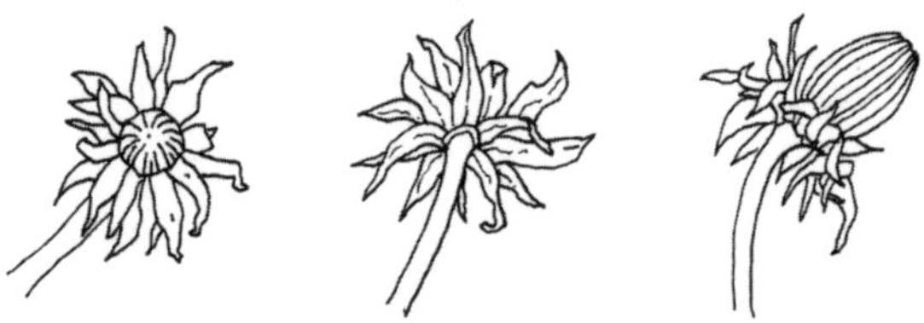

SEI NETT ZU DIR

Wenn es dir nicht gefällt, wie deine Zeichnung aussieht, frag dich, warum. Geh eher neugierig als selbstkritisch an die Sache heran. Warum enttäuscht dich die Skizze? Welche Linien, Winkel oder Proportionen müssen verändert werden, damit sie dir gefällt? Wenn du magst, mach die Zeichnung neu oder korrigiere sie, aber mach dir keine Vorwürfe. Wenn du bemerkst, dass auf dem Papier etwas »falsch« aussieht, ist es so ähnlich, als würden deine Gedanken während der Meditation abschweifen. Es ist ein gutes Zeichen und kein Problem.

Es muss nicht gut aussehen.
Es ist nur eine Kritzelei!

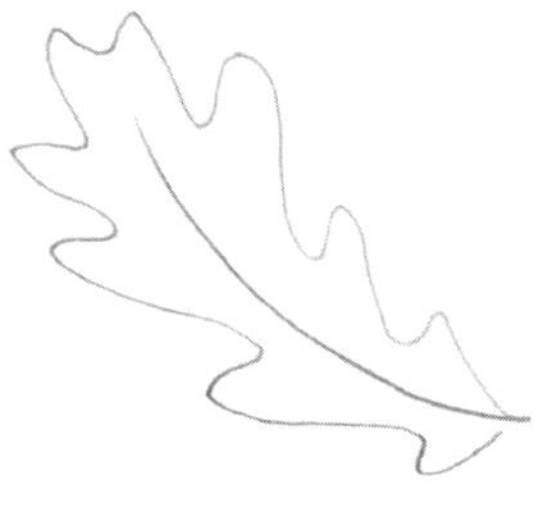

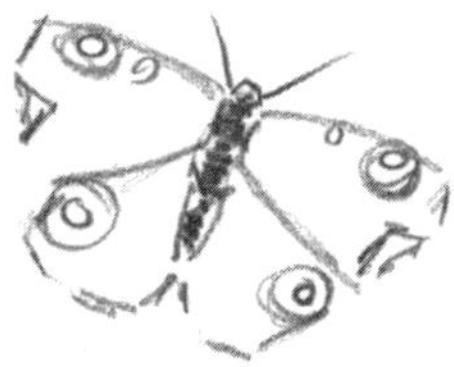

NÄCHSTE SCHRITTE

Versuch darauf zu achten, wie du dich fühlst, wenn du langsamer wirst und zeichnest oder wenn du einfach etwas entdeckst, das dich zum Lächeln bringt. Je bewusster du dir bist, wie es dir beim Zeichnen geht, desto lieber wirst du dranbleiben wollen. Wenn du die Übungen dieses Kapitels machst, wird es nicht lange dauern, bis du dich in einen waschechten Freudenentdecker verwandelt hast und bereit bist, das größere Ganze zu sehen und zu zeichnen.

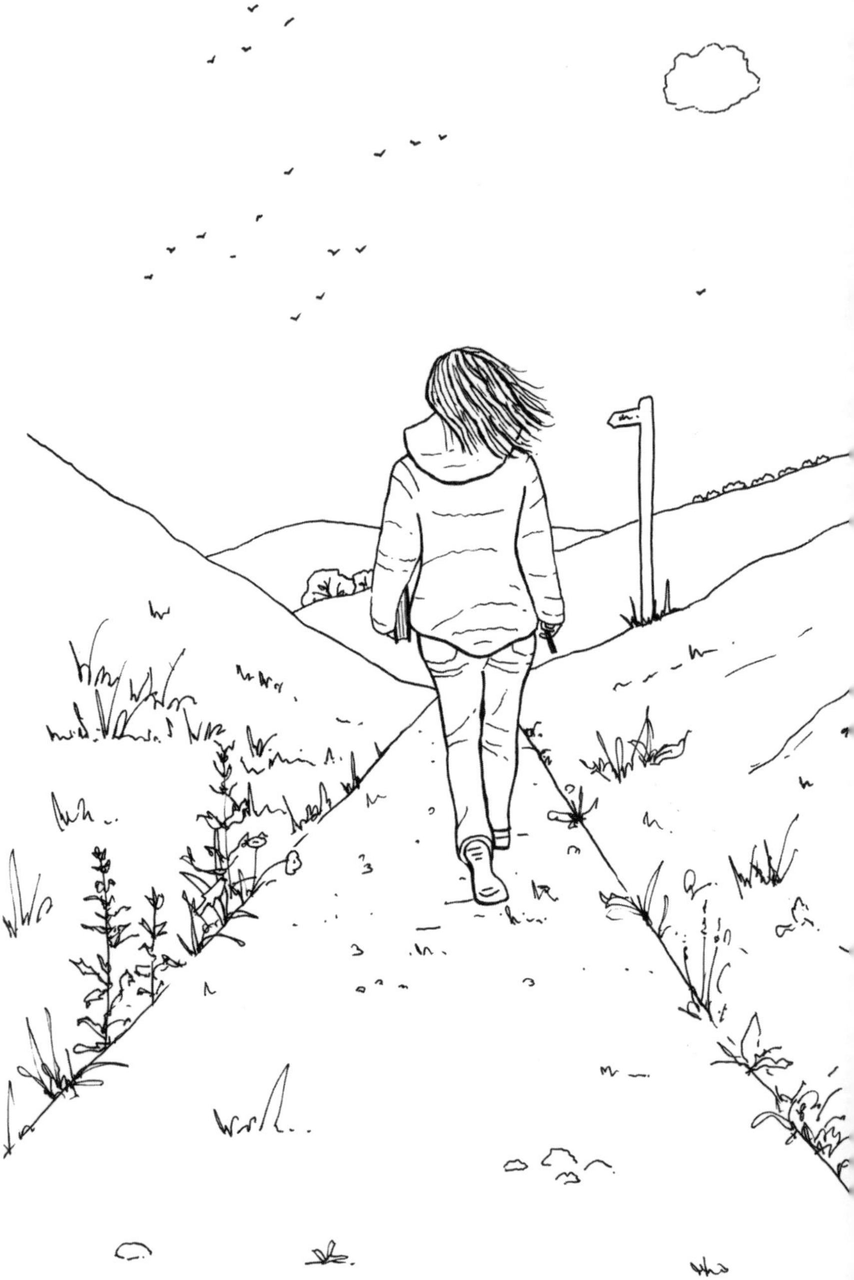

KAPITEL 7

BETRACHTE DAS GRÖSSERE GANZE

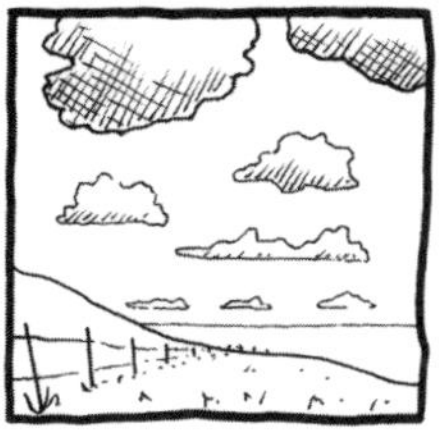

Schau tief in die Natur, dann
verstehst du alles besser.

Albert Einstein in einem Brief
an Margot Einstein, 1951

Kleine Schätze zu zeichnen ist toll, aber irgendwann ist es gut, einen Schritt zurückzutreten und einen Blick auf das größere Ganze zu werfen. Deinen Fokus zu ändern und einen weiten Blick zu zeichnen – egal ob du gerade spazieren gehst oder im Garten unter einem Baum sitzt. Das ist nicht nur gut für deine Augen, sondern auch für deinen Geist; es gibt dir buchstäblich eine andere Perspektive.

Vielleicht wird dich dieses Kapitel ein wenig einschüchtern, und natürlich sind Landschaften zeichentechnisch gesehen eine größere Herausforderung als kleine Motive. Aber keine Angst, ich bringe dir bei, wie du das Gesehene vereinfachen kannst und nicht mehr überfordert davon bist. Wenn du dieses Kapitel gelesen hast, wirst du einen frischen Blick auf die Landschaft in deinem Leben haben.

WOHIN?

Ich bin auf dem Land aufgewachsen und lebe nun am Rand eines Nationalparks. Für mich ist es also ein Leichtes, einen besonderen Ort zum Zeichnen zu finden. Aber mir ist bewusst, dass der Zugang zu einer grünen Landschaft sehr ungleichmäßig und ungerecht verteilt ist. Wenn du in der Stadt lebst, versuch, die natürlichste Landschaft in deiner Umgebung zu finden. Der nächste Park oder ein Flussufer dürfte bereits viele Möglichkeiten zum Greensketching bieten. Sollte dem nicht so sein, kannst du immer zu diesem Kapitel zurückkehren, sobald dir ein Ausflug in eine grünere Gegend möglich ist. Blättere vor zu Kapitel 11, wenn du Tipps zum Zeichnen urbaner Natur brauchst.

Ich empfehle sehr, vor dem Zeichnen einen Spaziergang zu machen. Wenn ich eine Viertelstunde herumlaufe, ehe ich skizziere, habe ich mich schon auf meine Umgebung eingestimmt und finde es einfacher, die Landschaft zu »lesen«, als wenn ich direkt loslege. Interessanterweise deckt sich mein Eindruck mit einer neuen Studie, die besagt, dass Spazieren unsere periphere visuelle Verarbeitung unterstützt.[29]

Sobald du bereit zum Zeichnen bist, mach dich auf die Suche nach einem bequemen Ort, um dich niederzulassen. Es ist egal, ob das ein Baum ist, ein Felsen, eine Bank oder ein Fleck trockenen Grases. Ich mag ruhige Plätze gern, an denen es unwahrscheinlich ist, dass ich von jemandem unterbrochen werde. Bis jetzt ist das aber noch nie passiert. Denk einfach dran, dass die Skizzen nur für dich sind und du sie niemandem zeigen musst.

EXPERIMENTIERE MIT VERSCHIEDENEN STRICHEN

Sei nicht überrascht, wenn dein Zeichenstil sich ändert, während du dich durch dieses Kapitel arbeitest. Ich neige dazu, kleine Objekte wie Blätter oder Blumen mit sehr sorgfältigen, gleichmäßigen Linien zu zeichnen. Im Gegensatz dazu sind meine Landschaftszeichnungen viel schneller, lockerer und stilisierter. Je öfter du Landschaften skizzierst, desto größer wird deine eigene kleine Sammlung an Linien und Kringeln werden, die unterschiedliche Dinge wie Bäume, Felswände, Wasserströmungen und Gras verkörpern. Fürs Erste solltest du es einfach genießen, zu experimentieren.

KOMM ZUR RUHE UND SCHAU DICH UM

Sieh dich als Erstes in Ruhe um. Lass deinen Blick umherschweifen und erkunde die Landschaft vor dir. Schau nach oben, schau nach unten, nach rechts und links. Wohin zieht es deinen Blick immer wieder? Je genauer du hinschaust, desto mehr wirst du sehen.

Du kannst deine Beobachtungen aber auch lenken, indem du dir selbst eine Reihe von Fragen stellst, die dir helfen, die Landschaft zu »lesen«:

Wo ist dein Horizont?

Wo auch immer wir sind, einen Horizont gibt es immer – die Linie, die Land und Himmel voneinander trennt. Es ist etwas, das uns normalerweise nicht auffällt, solange nicht gerade ein besonders spektakulärer Sonnenuntergang unseren Blick darauf lenkt. Der Horizont ist aber ein toller Ausgangspunkt für deine Landschaftszeichnung!

Wie also sieht dein Horizont aus? Versuch es zuerst mit dem Luftzeichnen, so wie in Kapitel 5 beschrieben. Ist er gerade oder schräg abfallend, glatt oder uneben? Siehst du irgendwelche überlappenden Hügel oder Bäume vor deinem Horizont? Jetzt zeichne ihn mit deinem Stift oder Bleistift. Achte auf jede Änderung des Winkels. Je nachdem, wo du dich aufhältst, könnte das eine schnelle, einfache oder eine komplexe Übung sein. Probier es aus. Es muss nicht perfekt werden!

Übe das Zeichnen des Horizonts wann immer sich die Gelegenheit bietet. Du wirst merken, dass das eine schnelle und wirkungsvolle Art ist, deine Landschafts-Zeichenskills zu verbessern. Und weil es einfach nur eine Linie ist, musst du dir auch nicht den Kopf darüber zerbrechen, ob es ein hübsches Bild wird. Welche Art von Horizont reizt dich – ruhig und flach oder steil und dramatisch?

Denk dran, dass es beim Greensketching immer darum geht, zu bemerken, was du bemerkst und wie es dir dabei geht.

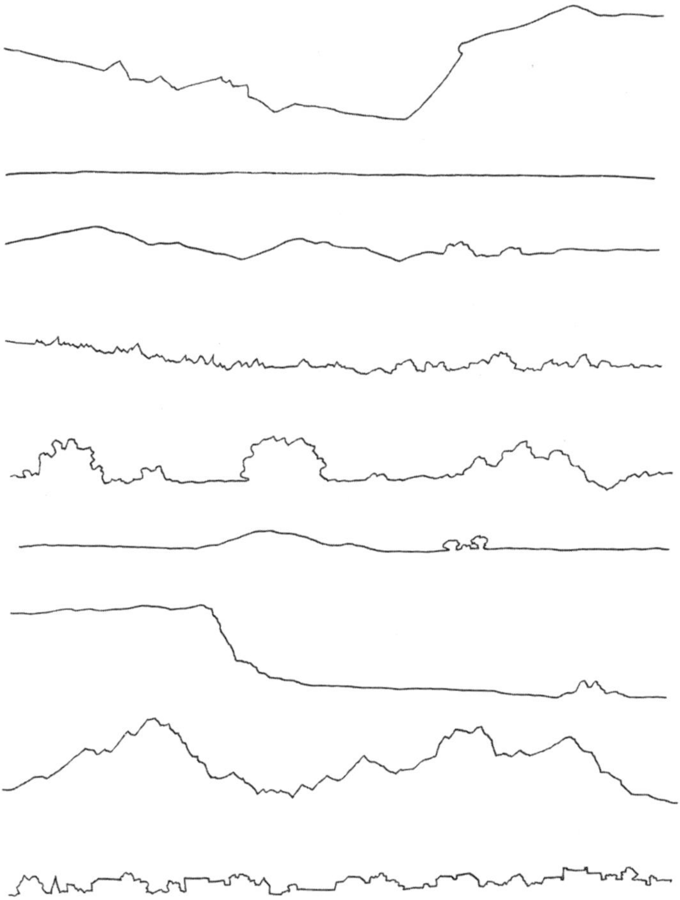

Welche anderen linienförmigen Elemente siehst du?

Der Horizont mag die eindeutigste »Linie« deiner Landschaft sein, aber du wirst fast immer andere lineare Merkmale sehen: die Wölbung eines Hügels, die Biegung eines Strandes, eine Straße, einen Fluss oder einen Zaun. Welche dieser linearen Elemente entdeckst du in deiner Landschaft? Sind ein paar häufiger als andere?

Am leichtesten lässt sich eine Landschaft zeichnen, wenn du diese linearen Merkmale benutzt, um deinen Ausblick in eine Handvoll von Formen oder Zonen zu unterteilen. Sieh dir meine Beispiele auf der gegenüberliegenden Seite an und probier es selbst aus. Zeichne einen kleinen Rahmen und skizziere dann die wichtigsten linearen Elemente deiner Landschaft in maximal fünf oder sechs Linien. Diese supereinfachen Landschaftsskizzen lassen sich mit einem Strichmännchen vergleichen – du verwendest ein Minimum an Linien, um das Gesehene festzuhalten. Je nach Location wird das Ergebnis ein wenig beeindruckender Kasten voller Linien oder aber eine überraschend befriedigende kleine Landschaftsskizze sein. Wie auch immer, es spielt keine Rolle. Das Ziel dieser simplen Skizzen ist es, deine Sicht auf deine Umgebung zu verändern. Wiederhol die Übung mit unterschiedlichen Ausblicken so oft wie möglich, bis du dich beim Zusammenfassen der Hauptmerkmale einer Landschaft selbstbewusst und gut fühlst.

Vielleicht fällt es dir schwer, dich mit den Linien zu begnügen, und du lechzt danach, mehr Details hinzuzufügen. Das ist völlig in Ordnung! Du kannst so wenige oder so viele lineare Merkmale hinzufügen, wie du möchtest. Es geht nicht darum, dich selbst einzuschränken, sondern einen einfachen Rahmen zu schaffen, der dir den Einstieg erleichtert.

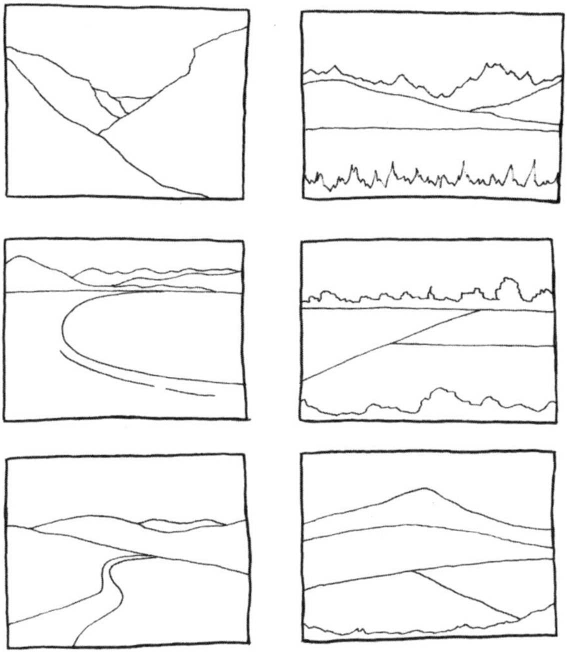

Gibt es Bäume, Büsche, Gras oder Blumen?

Sobald du dich wohl damit fühlst, das allgemeine Erscheinungsbild in ein paar Linien zusammenzufassen, ist es an der Zeit, sich die charakteristischen Details einer Landschaft anzusehen. Natürlich variiert das je nach Lebensraum und Ort enorm, aber ich beginne oft, indem ich eine bestimmte Umgebung nach Bäumen und anderer Vegetation absuche.

Im ersten Schritt geht es schlicht darum, die Bäume zu lokalisieren und zu gucken, wie sie aussehen. Achte darauf, wie sich Größe und Form der Bäume verändern, je nachdem, wie weit sie von dir entfernt sind. Am Horizont mögen sie wie kleine Beulen wirken, an einem Feldrand verschwimmen sie vielleicht zu einer einzigen, klecksartigen Form. Wie sehen die Bäume in deiner Landschaft aus? Welche anderen Pflanzen siehst du? Gibt es Blumen, Gräser oder Büsche in der Nähe? Versuch, die allgemeine Form der Pflanzen im Vordergrund zusammenzufassen, wobei du eher auf die Schichten der unterschiedlichen Formen achtest, als zu versuchen, jede einzelne davon zu zeichnen.

Füge die wichtigsten Bäume und Pflanzen zu deiner Skizze hinzu und zeichne nur das, was du wirklich siehst, nicht das, was du zu sehen glaubst.

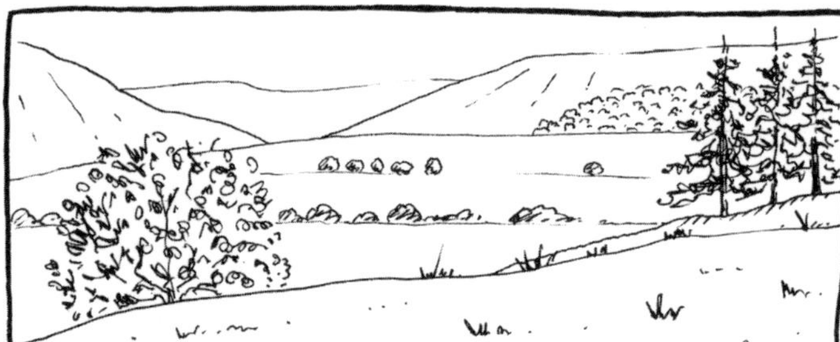

Wie steht es mit dem Himmel?

Wenn man sich auf die Landschaft konzentriert, übersieht man leicht den Himmel. Dabei kann er einen großen Einfluss darauf haben, wie man einen Ort oder einen Augenblick erlebt. Wie viel Himmel siehst du? Je nachdem, wo dein Horizont ist, kann ein großes oder kleines Stück

Himmel zu sehen sein. Gibt es Wolken? Wenn ja, welche Form und Farbe haben sie? Wo sind die Schatten auf den Wolken? Berühren sie den Horizont oder ziehen sie frei über den Himmel? Haben die Wolken eine bestimmte Form oder sieht man eher eine Decke aus unerbittlichem Grau? Wenn es ein düsterer, bedeckter Tag ist, wirst du wahrscheinlich verschiedene Grauschattierungen am Himmel sehen. Gibt es zwischendurch ein paar blaue Flecken? Wo ist die Sonne? Siehst du noch etwas anderes im Himmel? Vorüberziehende Vögel, einen verblassenden Regenbogen, einen Teil der Mondsichel?

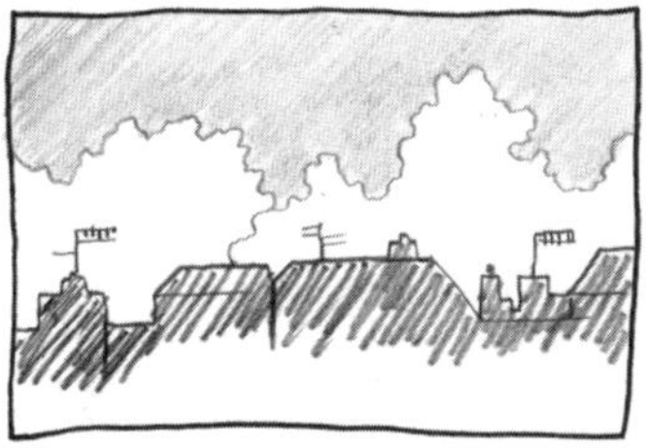

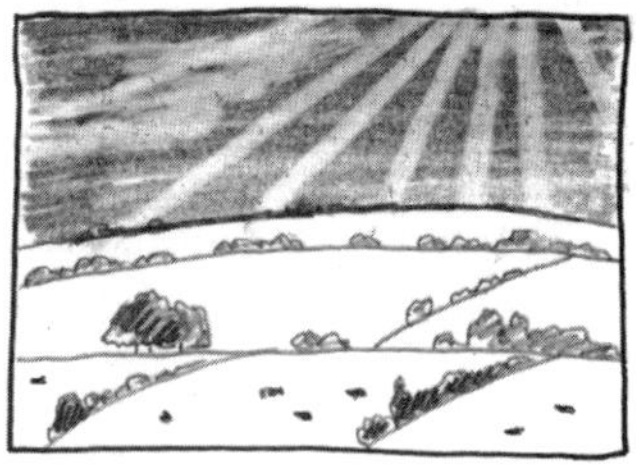

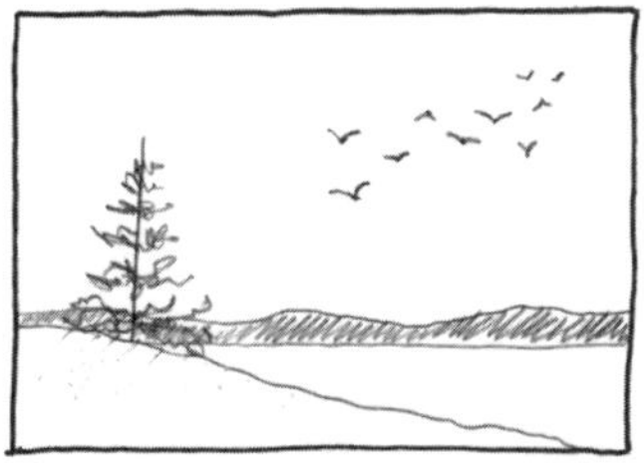

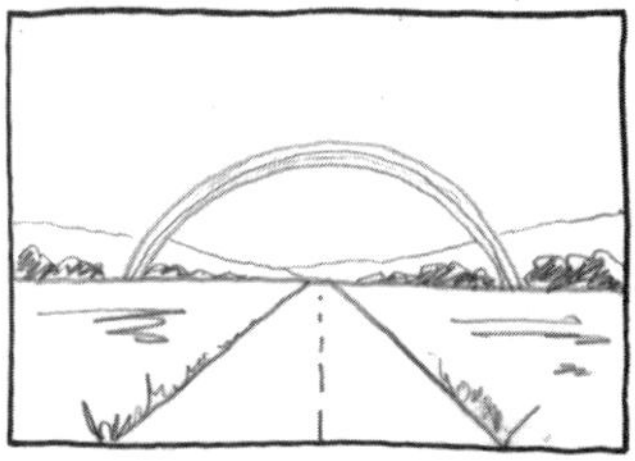

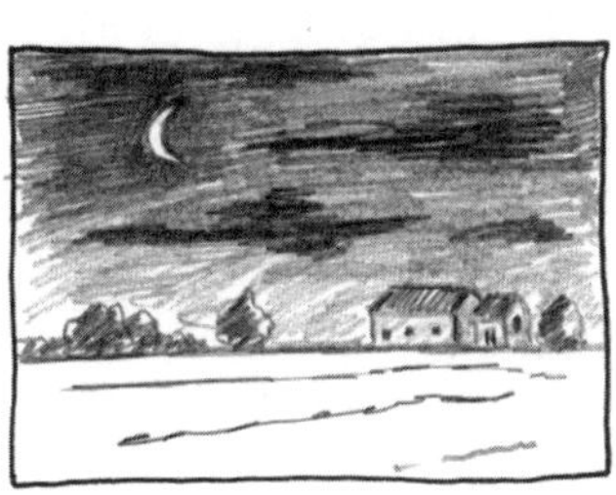

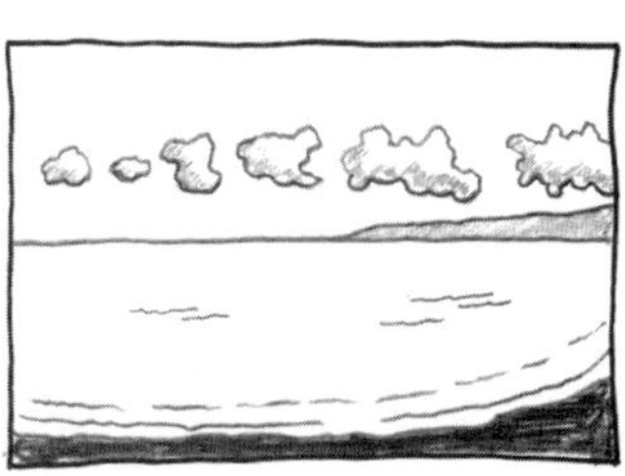

Was siehst du noch?

Sobald du die wichtigsten linearen Merkmale gezeichnet und die Bäume, Pflanzen und den Himmel hinzugefügt hast, kannst du nach Belieben weitere Details ergänzen. Je nach Standort gibt es vielleicht andere Merkmale wie Gebäude, Felsformationen, weite Hänge, Wegweiser, Flussbänke oder Brücken. Die Liste ist potenziell endlos, aber vergiss nicht, dass du nicht alles in einer Skizze unterbringen musst. Füge nur die Details hinzu, die du magst, und lass den Rest weg.

Wenn du die ersten Male eine Landschaft auf diese Weise »liest«, mag es dir noch etwas unangenehm sein, aber nach einer Weile wird es völlig selbstverständlich und du machst es unterbewusst. Tatsächlich wirst du merken, dass der Zeichenprozess dir genauso hilft, eine Landschaft zu lesen, wie das Lesen einer Landschaft dir beim Zeichnen hilft. Selbst wenn du gerade nicht aktiv skizzierst, werden deine Augen die Landschaft abscannen und du wirst die unterschiedlichen Elemente mental ausarbeiten.

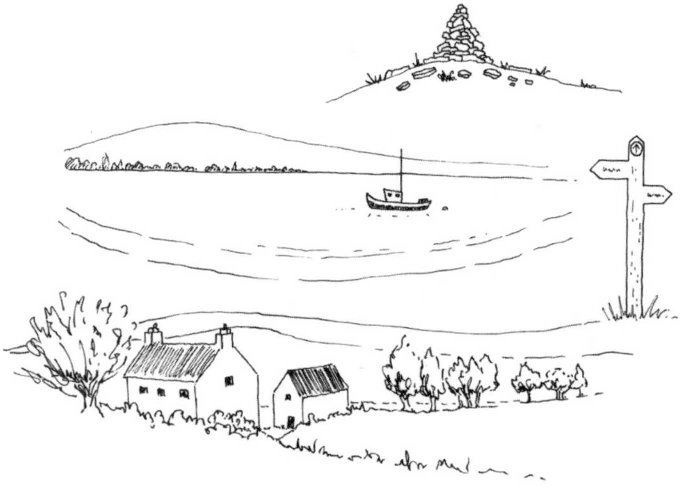

KEEP IT SIMPLE: WIE MAN EINEN BLICKSUCHER VERWENDET

Je größer und gewaltiger ein Ausblick ist, umso schwieriger wird es, ihn zu skizzieren. Selbst wenn du weißt, wie du eine Landschaft vereinfachen und lesen kannst, ist es oft unmöglich, alles auf einer Seite unterzubringen. Kommt dir das Problem bekannt vor? Dann probier doch mal einen Blicksucher aus! Er hilft dir, einen kleinen Landschaftsausschnitt zu finden, der sich zeichnerisch bewältigen lässt.

Du kannst den Blicksucher aus zwei L-förmigen Kartonstücken basteln, oder du schneidest einfach ein Loch in ein Pappquadrat; du kannst sogar ganz schicke, verstellbare Blicksucher kaufen. Ich selbst benutze manchmal nur meine linke Hand, als wäre sie ein selbst gebautes Teleskop.

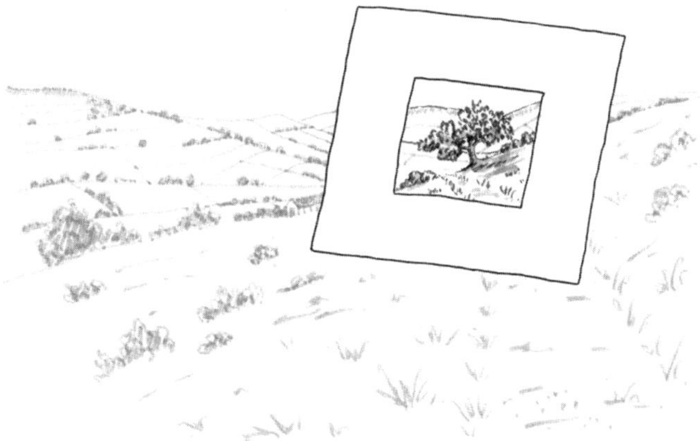

An diesem Punkt musst du noch nicht versuchen, eine gute Komposition zu finden: Betrachte den Blicksucher stattdessen einfach als Freudensucher und benutz ihn, um einen Punkt in der Landschaft zu entdecken, der in dir Freude, Erstaunen oder Neugier auslöst. Halte gezielt nach fluffigen Wolken, sich überschneidenden Hügeln, Schichten oder sich in die Landschaft schmiegenden Gebäuden, Bäumen, verschwindenden Pfaden oder Straßen, Spiegelungen oder vielleicht einem Muster von Feldgrenzen oder den Schatten auf einer Reihe von Bäumen Ausschau. Je mehr du es übst, in einer Landschaft nach Details zu suchen, die dir gefallen, desto mehr wirst du sehen und bemerken.

Manche Leute lieben solche Blicksucher, andere empfinden sie als unnötigen Aufwand. Zu welcher Kategorie du gehörst, kannst du nur selbst herausfinden, indem du ein wenig mit einem Blicksucher herumexperimentierst. Ich habe weder das Koordinationsvermögen noch die Ausdauer, den Blicksucher während des Zeichnens in Position zu halten, deswegen lege ich ihn beiseite, sobald ich mein Motiv gefunden habe.

ZEIT FÜR EINEN KRITZELSPAZIERGANG

Hier kommt ein weiterer Trick, um Überforderung zu vermeiden: Halte die Skizzen klein. Künstler haben lang sogenannte Thumbnails, also Miniaturskizzen, benutzt, um mit unterschiedlichen Landschaftskompositionen zu experimentieren. So lässt sich während eines Spaziergangs eine Landschaft prima in verschiedenen Ausschnitten festhalten, wenn man nicht zu lange an einem Ort verweilen will. Thumbnails nehmen den Druck, ein hübsches Bild fertigzustellen, und man kann viel mehr festhalten als beim Zeichnen eines einzigen Ausblicks.

Wenn ich einen Kritzelspaziergang mache, lege ich vorher oft ein Raster von neun Quadraten an und bleibe dann circa alle zehn Minuten für eine schnelle Skizze stehen. Warum probierst du es nicht einfach mal aus? Wenn du das nächste Mal spazieren gehst, mach unterwegs so viele kleine Landschaftsskizzen, wie du kannst. Sieh dich bei jeden Kritzelstopp genau nach einem kleinen Ausschnitt um, mit oder ohne Blicksucher. Lies die Landschaft und vollende eine einfache kleine Skizze nach der anderen.

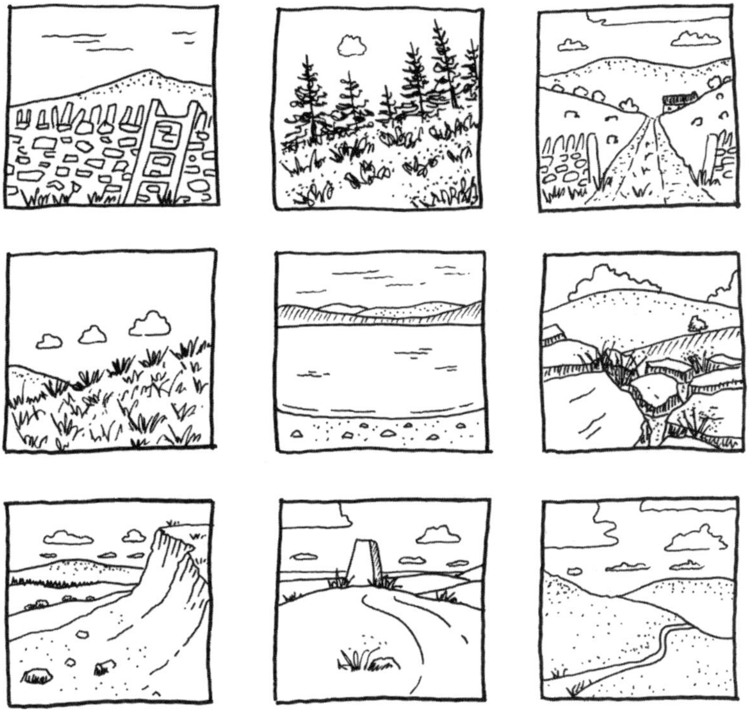

WIE DU TIEFE ERZEUGST

Je mehr kleine Landschaftsskizzen du fertigstellst, desto selbstbewusster wirst du. Dennoch solltest du nicht erwarten, dass all deine Skizzen funktionieren. Fehler zu machen ist normal und ich versichere dir, dass nicht alle Landschaftszeichnungen so aussehen werden wie der Ausblick vor dir. Mir misslingt oft der Winkel eines Hügels ein wenig oder ich schätze die Position eines Baumes falsch ein. Denk dran, dass deine Skizze nicht gut aussehen muss. Es geht nur darum, dass du draußen an der frischen Luft bist, dich entspannst und bewusst deine Umgebung genießt.

Davon mal abgesehen gibt es ein paar Tricks, mit denen du jede Landschaftsskizze verbessern kannst. Wann immer du eine Aussicht betrachtest, erstreckt sie sich von dir weg in die Ferne und auf den Horizont zu. Diesen Eindruck von Tiefe und Perspektive solltest du nach Möglichkeit auf dem Papier einfangen. Du musst dir nicht den Kopf über die offiziellen Regeln zum Thema Perspektive zerbrechen; du musst nur genau hinsehen und auf die Punkte achten, die ich unten aufgelistet habe. Du kannst sie bei jeder Skizze benutzen, um Tiefe zu erzeugen.

- Objekte im Vordergrund überlappen die, die sich hinter ihnen befinden
- Objekte werden in der Entfernung kleiner
- Runde Formen, wie Seen oder Wolken, werden zum Horizont hin flacher

- Im Vordergrund treten Details schärfer und sichtbarer hervor und werden mit der Entfernung schwächer
- Farben werden zum Horizont hin blasser und blauer

Allein wenn du den Horizont mit einer hellen, schwachen Linie zeichnest und den Vordergrund dunkler machst, wird dir das schon helfen, in einer simplen Skizze Tiefe zu erzeugen.

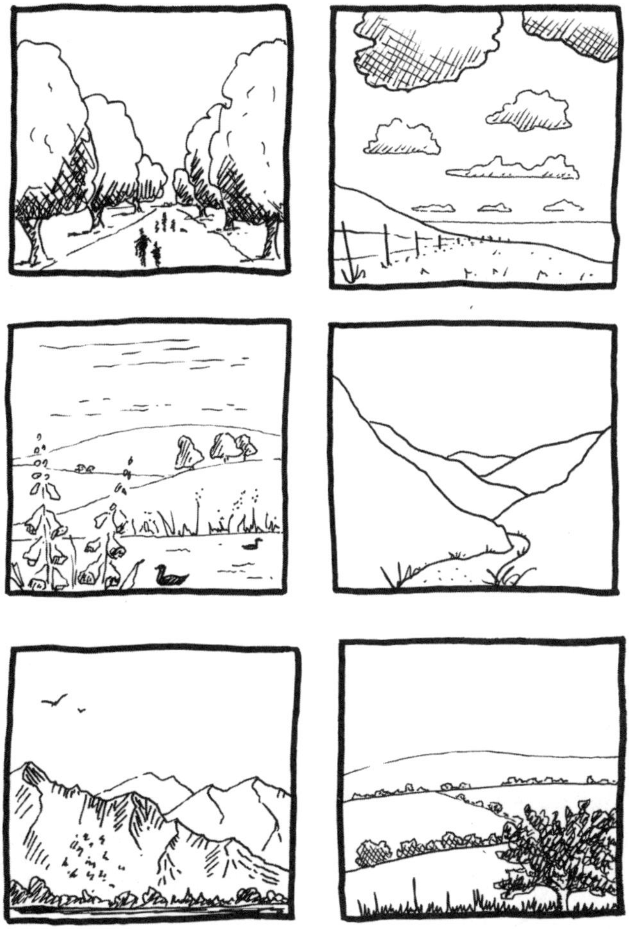

BEGRENZUNGSSKIZZEN

Landschaften, egal ob groß oder klein, sind voller Begrenzungen: Hecken, Zäune, Gartenmauern, Seeufer … Diese Begrenzungen sind perfekt für kleine Skizzen geeignet. Indem du eine Grenze zeichnest, die dir zugewandt ist, kannst du einen überschaubaren Teil der Landschaft in Angriff nehmen, ohne vom großen Ganzen überwältigt zu werden. Die Komposition ist einfach und du musst dir nicht den Kopf über eine verwirrende Perspektive zerbrechen. Du wirst merken, dass diese Begrenzungsskizzen dein Selbstbewusstsein stärken und faszinierende Details offenlegen, die dir normalerweise entgehen. Versuch es! Sobald du nach ihnen Ausschau hältst, wirst du sie überall entdecken.

NOCH MAL MIT GEFÜHL

Eine traditionelle Landschaftsskizze oder eine Seite in einem Naturjournal beinhalten für gewöhnlich Details wie Standort, Geologie, Wetter, Lebensraum und vielleicht bestimmte Beobachtungen aus der Tierwelt. Wenn du willst, kannst du all diese Informationen zu deiner Zeichnung hinzufügen. Aber hauptsächlich geht es beim Greensketching darum, eine persönliche, emotionale Verbindung mit der Landschaft aufzubauen. Achte also darauf, wie du dich an einem bestimmten Ort fühlst. Was kannst du hören, berühren, riechen? Bist du hier ruhig oder energetisch, fröhlich oder melancholisch? Bemerke, was du bemerkst.

Du weißt jetzt, wie man kleine Schätze und weite Blicke skizziert. Im nächsten Kapitel lernst du, wie man in der Natur Farbe sieht und zeichnet!

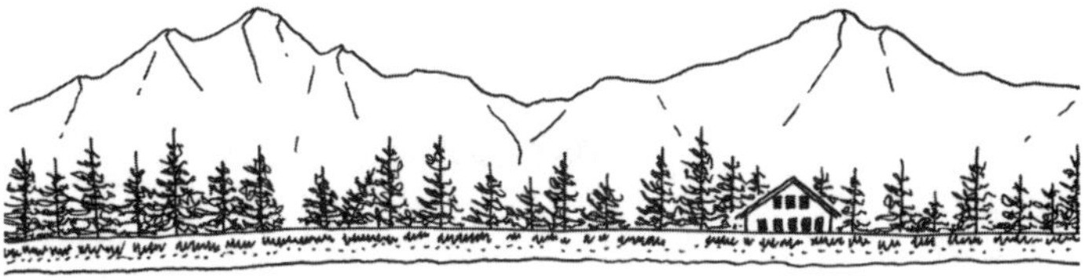

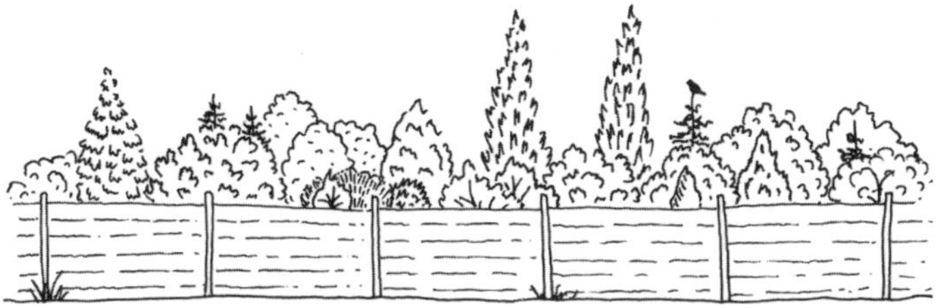

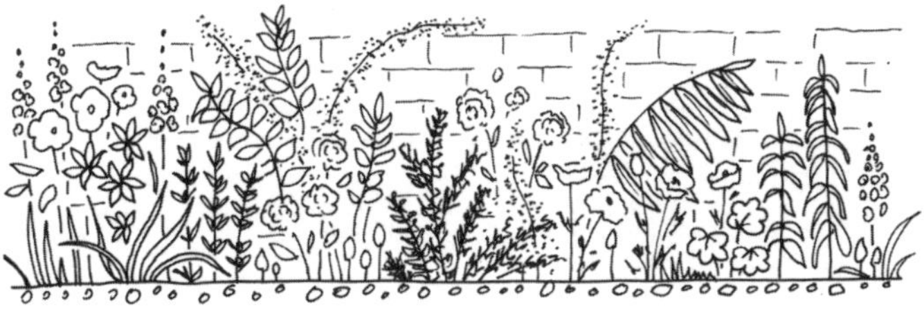

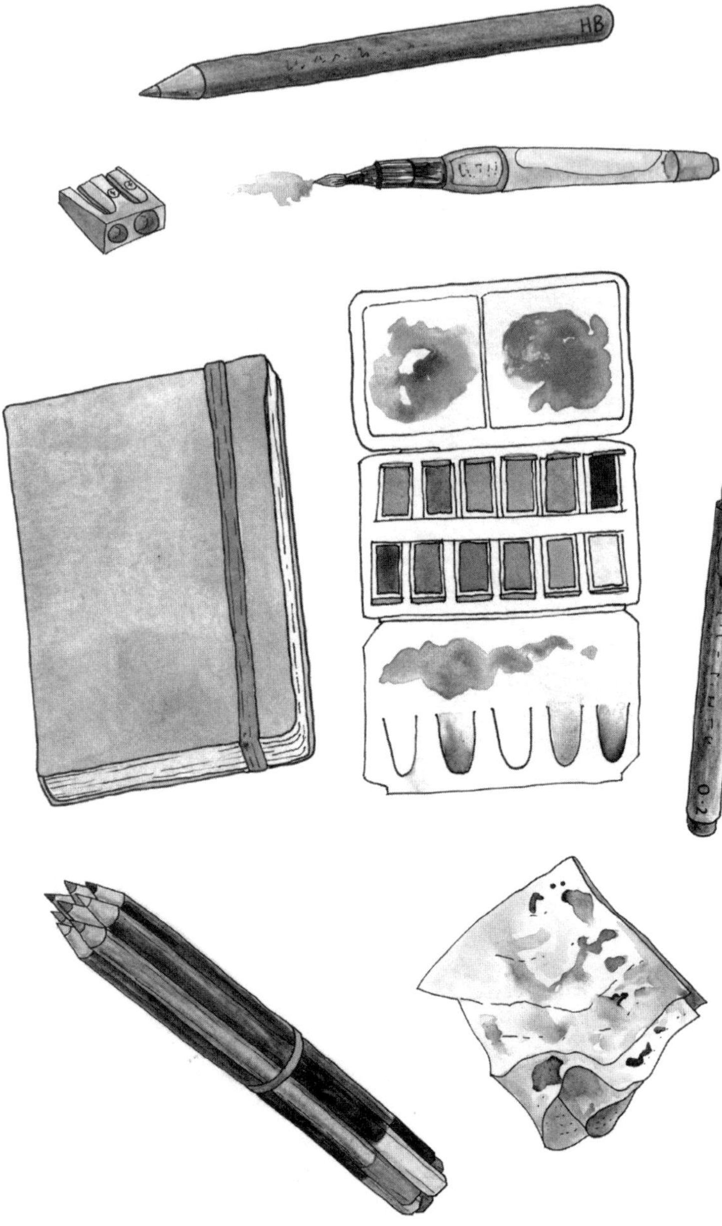
HB
0.2

KAPITEL 8

ENTWICKLE EINEN BLICK FÜR FARBE

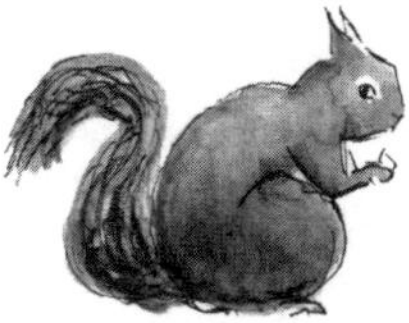

Die reinsten und gedankenreichsten Geister sind die, die die Farbe am meisten lieben.

John Ruskin, *Die Steine von Venedig,* Teil III

Farbe fasziniert mich. Sie ist definitiv mein Lieblingsaspekt beim Greensketching und vermutlich auch der Grund, weshalb ich überhaupt zeichne. Nur Farben schaffen es zuverlässig, mich aufzuheitern. Und damit bin ich bestimmt nicht allein. Der weltweite Ausmaltrend legt nahe, dass Millionen anderer Menschen sich ebenfalls von Farbe getröstet fühlen.

Dieses Kapitel zeigt dir, wie du dein eigenes Gespür für Farbe entwickelst. Ich will dich dazu inspirieren, die Malbücher wegzulegen, hinauszugehen und dich stattdessen in das Kaleidoskop natürlicher Farben zu stürzen. Du wirst dabei viele entdecken, die dir vorher nie aufgefallen sind.

Mittlerweile hast du wahrscheinlich gemerkt, dass die Kritzeleien im Buch alle schwarz-weiß sind. Aber wenn du auf die Innenseiten des Covers linst, findest du ein paar farbige Beispiele, die noch einmal verdeutlichen, worum es in diesem Kapitel geht.

WAS DU ZUM ZEICHNEN VON FARBE BRAUCHST

Es gibt viele Arten, deine Zeichnungen farbig zu gestalten, zum Beispiel mit bunten Filzstiften, Buntstiften, Soft- oder Ölpastellkreiden, wasserlöslichen Stiften und Malkreiden oder Aquarellfarben. Alle haben ihre eigene Schönheit, aber auch ihre eigenen Macken und Tücken. Manche gleiten, manche schmieren, andere kratzen und wieder andere fließen. Einige flüstern, manche schreien, ein paar wirken eher blass und wieder andere strahlen. Die Entscheidung ist nicht einfach, aber lass dich davon nicht einschüchtern!

Probier ein bisschen herum, bis du etwas findest, das dich zum Lächeln bringt.

In jedem Fall solltest du den Kauf von neuen Materialien nicht überstürzen. Verwende für den Anfang, was auch immer du bereits zu Hause hast, oder leih dir etwas von Freunden aus. Vergiss außerdem nicht, dass es in diesem Kapitel darum geht, die Farbe in der Natur zu sehen und zu genießen. Dafür brauchst du nur deine Augen, deine Neugier und deine Aufmerksamkeit – keine teuren Materialien.

Ich persönlich benutze gern Wasserfarben und eine Handvoll wasserlöslicher Buntstifte. Sie lassen sich gut einstecken und ich muss mich dann nur noch an folgende Dinge erinnern:

- Einen Pinsel für Wasserfarben und wasserlösliche Buntstifte
- Einen alten Lappen/eine Socke/Küchenkrepp, um die Pinsel auszuwischen und überflüssige Farbe aufzusaugen
- Ein Gummiband oder eine Umwicklung für die Stifte, um sie beim Gehen zu schützen
- Einen Anspitzer und etwas, worin ich die Späne aufsammeln kann

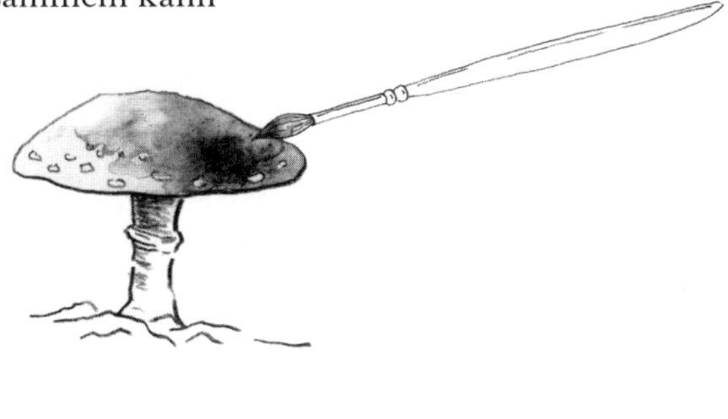

WIE VIELE FARBEN BRAUCHST DU?

Du kannst alle Farben, die du benötigst, aus drei Tönen anmischen: Gelb, Cyan (ein grünliches Blau) und Magenta (ein pinkfarbenes Rot). Das ist gut zu wissen und besonders dann hilfreich, wenn du knapp bei Kasse bist. So kannst du mit verschiedenen Materialien experimentieren, ohne zu viel Geld auszugeben.

Es ist toll, wenn man mit einer begrenzten Anzahl von Farben malen kann. Ich nehme trotzdem lieber eine größere Auswahl mit, wenn ich zeichnen gehe, und habe immer verschiedene Grün-, Blau- und Brauntöne im Gepäck. Das ist viel praktischer, als draußen Farben zu mischen, besonders, weil meine Zeichnungen (und meine Zeichenstopps) oft nicht lange dauern. Warum probierst du nicht einfach beide Varianten aus und siehst, was für dich am besten funktioniert?

FARBE SEHEN UND VERSTEHEN

Wir alle sehen Farbe auf unsere einzigartige Weise. Deswegen sind Farbbezeichnungen wie Rubinrot, Scharlachrot und Karminrot auch immer subjektiv. Die Gründe dafür, weshalb wir Farben unterschiedlich wahrnehmen, sind komplex: Zum Teil liegt das daran, dass unsere Augen das Licht unterschiedlich verarbeiten; die Wahrnehmung wird aber auch von unserer Kultur, unserem Standort, der Tageszeit und sogar unserer Persönlichkeit geprägt. Du musst nur wissen, dass es keine richtigen oder falschen Farben gibt, sondern nur die, die du siehst.

Es hilft mehr, über die Haupteigenschaften einer Farbe (bzw. eines »Farbtons«) nachzudenken, als krampfhaft nach dem richtigen Namen für sie zu suchen.

Warm oder kühl?

Eine warme Farbe hat einen gelben Unterton, während eine kühle Farbe einen blauen Unterton hat. Rot-, Orange- und Gelbtöne sind warme Farben, während Blau-, Lila- und Grüntöne kühl sind. Aber, und hier wird es möglicherweise verwirrend: Es gibt auch warme und kühle Variationen von jeder Farbe. Glockenblumen haben einen wärmeren Ton als Kornblumen, Primelgelb ist wärmer als das von Hahnenfuß; Palmkätzchen haben ein wärmeres Grün als Fichtennadeln und Hagebutten sind von einem wärmeren Rot als Kirschblüten. Die Farben der Natur voneinander unterscheiden zu können braucht ein wenig Übung, kann einem aber wirklich die Augen öffnen.

Hell oder dunkel?

Du kannst auch darauf achten, wie hell oder dunkel eine Farbe ist, besonders im Verhältnis zu den sie umgebenden Farben. Manchmal ist es leicht: Nasser Sand ist immer dunkler als trockener. Aber oft müssen wir auch etwas genauer hinsehen. Denk zum Beispiel an ein Blatt. Sind seine Adern heller oder dunkler als der Rest? Und dann gibt es die Momente, in denen wir sogar *noch* genauer hinsehen müssen, um uns über unsere eigenen Vorstellungen hinwegzusetzen. Wolken, Schafe und Schnee sind selten so weiß, wie wir denken. Sobald du die relative Dunkelheit bemerkst oder die verschiedenen Farben zu schätzen lernst, wird dir die Welt wie ein Flickwerk aus Hell und Dunkel erscheinen.

Strahlend oder gedämpft?

Auch die Strahlkraft einer Farbe variiert. Eine gesättigte Farbe ist lebhaft und strahlend. Sie ist sauber und klar und sticht dir sofort ins Auge. Im Gegensatz dazu ist die ungesättigte Farbe matt und gedämpft. Sie ist weicher, grauer, schlammiger und wird leichter übersehen (und lässt sich normalerweise schwerer farblich abstimmen!). Vergleich doch mal eine strahlend gelbe Tulpe mit einem sanften Kornfeld oder das rostige Orange von Herbstlaub mit dem einer reifen Clementine. Oft bemerkst du das Leuchten einer Farbe erst dann, wenn du sie auf Papier zu bannen versuchst. Farben, die auf den ersten Blick richtig zu strahlen scheinen, sind tatsächlich viel weniger gesättigt, wenn du genau hinsiehst; sie erschienen nur neben kontrastierenden Farben so leuchtend. Manchmal strahlt eine Farbe aber auch so prächtig, dass man kaum fassen kann, dass sie natürlich ist.

Versuch es! *Geh spazieren und schau, ob du Beispiele für warme und kühle, helle und dunkle, strahlende und gedämpfte Farben in deinem Umfeld entdeckst.*

FARBMUSTER

Versuch, ein paar einfache Farbmuster zu erstellen. Das macht Spaß und ist eine tolle Art, auf Freudensuche zu gehen. Außerdem wirst du dadurch dazu animiert, genauer hinzusehen und auf Farben zu achten, die dir andernfalls entgehen könnten. Diese Beschäftigung ist für alle Altersgruppen geeignet, man kann also auch prima die Kleinen mitnehmen. Aber diese Übung ist nicht nur für Kinder gedacht! Ich liebe die Einfachheit des »Farbensammelns«, wenn ich müde oder niedergeschlagen bin oder gerade einfach nicht besonders kreativ bin. Es gibt verschiedene Arten, Farbmuster zu erstellen, aber hier kommen ein paar meiner Favoriten. Vielleicht probierst du ein paar davon aus, um herauszufinden, welche Methode dich am meisten anspricht?

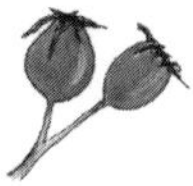

Farbspaziergang

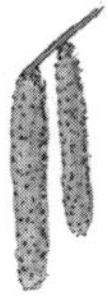

Warum machst du nicht einen Spaziergang in deiner Umgebung und notierst all die verschiedenen Farben, die dir ins Auge stechen? Wie du diese Farben festhältst, liegt ganz bei dir. Experimentiere mit ordentlichen kleinen Quadraten, wackligen Strichen oder willkürlichen, unordentlichen Klecksen; du wirst bald eine Art gefunden haben, die dir Spaß macht. Wenn du willst, kannst du auch kurz notieren, wo du die Farbe jeweils gesehen hast. Es ist eine leichte, aber wirkungsvolle Art, dich achtsam auf deine Umgebung einzulassen und die Veränderungen der Farben im Wechsel der Jahreszeiten zu genießen, die uns sonst so oft entgehen.

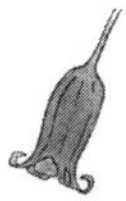

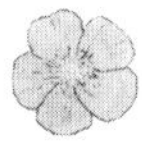

Farbjagd

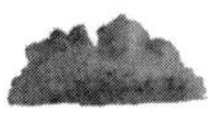

Begib dich auf Farbschatzsuche, um bestimmte Farben oder Farbkombinationen in der Natur zu entdecken. Erfinde deine eigenen Regeln. Unsere Augen können bei der Farbe Grün mehr Schattierungen unterscheiden als bei jedem anderen Farbton; warum schaust du nicht, wie viele du entdeckst? Oder du heiterst dich selbst auf, indem du in der Natur nach Gelbtönen suchst. Wenn dir nach einer größeren Herausforderung zumute ist, schau, wie viele

Beispiele von komplementären und analogen Farben du in deiner Umgebung findest.

Farbcode

Du musst nicht immer ein Objekt zeichnen. Du kannst auch einfach nur die Farben notieren und ein Muster oder einen Farbcode für das entwerfen, was du siehst. Auf diese Weise kannst du zum Beispiel super die Farben eines Vogels festhalten, wenn dir die Zeit, die Fähigkeit oder das Selbstbewusstsein für eine ganze Zeichnung fehlen. So kannst du dich allein auf die schönen Farben konzentrieren, anstatt dir über die Form oder die Proportionen den Kopf zu zerbrechen. Versuch dabei aber, auf die Anteile der verschiedenen Farben zu achten. Eine Amsel ist zum Beispiel größtenteils schwarz und hat einen orangegelben Schnabel. Ein Goldzeisig ist hauptsächlich beige und weiß, mit einem bescheidenen Anteil an Gelb, Rot und Schwarz, der aber definitiv ein Blickfänger ist.

EIN EINZELNER FARBTUPFER

Wenn du ein paar Farbmuster erstellt hast, bist du schon ganz gut auf die Farben der Natur eingestimmt. Jetzt können wir verschiedene Methoden erkunden, deine Skizzen zu kolorieren! Zu Beginn möchte ich, dass du etwas mit einem Stift oder Bleistift kritzelst. Es ist egal, ob es ein kleiner Schatz ist oder eine größere Landschaft. Such dir nun eine einzelne Farbe aus, die du hinzufügen willst und die die Essenz deines Objekts oder der Szenerie am besten einfängt. Vielleicht ist es das Tintenblau eines Sturmhimmels, die tiefvioletten Schatten an einem verschneiten Tag oder das leuchtende Gelb eines Krokusses im Frühling. Wenn du dich nicht entscheiden kannst, konzentrier dich einfach auf die Farbe, die für dich am meisten Freude versprüht.

FARBVERLÄUFE

So ein einzelner Farbtupfer ist toll, aber du wirst bald sehen, dass Dinge in der Natur nur selten einfarbig sind. Stattdessen ist die Welt voll von wunderschönen Farbverläufen: von einer Farbe zur anderen, von hell zu dunkel, von leuchtend zu matt. Sobald dir diese Verläufe auffallen, wirst du sie überall entdecken – versprochen. Schau, ob du verschiedene Farbverläufe in deiner Umgebung finden und zeichnen kannst. Hier sind ein paar Vorschläge:

Himmelsverläufe

Zeichne den Himmel an einem klaren Tag. Achte darauf, wie sich die Farbe zum Horizont hin ändert. Das ist eine der leichtesten, aber befriedigendsten Farbverläufe, die man beobachten kann. Es lohnt sich, es tagsüber und am frühen Abend auszuprobieren.

Wolkenverläufe

Wolken sind ebenfalls eine Quelle für schöne Farbverläufe! Versuch, sie sowohl in der Morgen- als auch in der Abenddämmerung zu skizzieren. Achte darauf, wie der Schattenverlauf sich verändert und erlebe einen dieser schlichten »Huch!«-Momente.

Schattenverläufe

Versuch, eine gekrümmte Fläche zu zeichnen, zum Beispiel einen Baum, einen Ast oder einen Abhang – am besten an einem sonnigen Tag. Achte auf den Farbverlauf, der durch Licht und Schatten entsteht.

Farbverläufe auf Blütenblättern

Farbverläufe findest du in jedem Maßstab. Wenn du das nächste Mal in einem schönen Garten bist, guck dir die unterschiedlichen Blüten genau an und zeichne ein Beispiel für jedes Blütenblatt, das einen Farbverlauf aufweist. Welche Farbkombination magst du am liebsten?

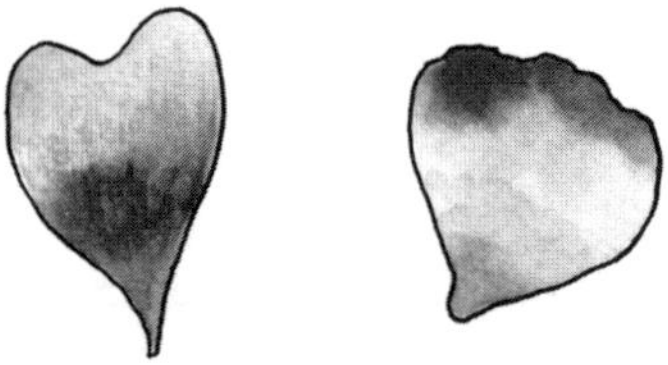

FARBSPALTEN

Eine vollkolorierte Landschaftsskizze kann eine große Herausforderung sein, selbst wenn die Zeichnung recht klein ist. Es kann also dauern – nicht so praktisch, wenn du gerade spazieren gehst. Du kannst aber auch selektiv vorgehen und einen dünnen, vertikalen Teil der Landschaft skizzieren. Indem du dich auf einen schmalen Spalt beschränkst, kannst du dich auf die Farben konzentrieren, anstatt dich von all den anderen Merkmalen der Landschaft ablenken oder überwältigen zu lassen. Ich liebe diese Spalten! Sie gehören zu meinen liebsten Zeichenarten. Es ist toll, wie oft es gelingt, den Charakter und die Freude eines Ortes auf diese Weise einzufangen.

Probier es aus! *Wenn es dir schwerfällt, einen passenden vertikalen Ausschnitt zu wählen, dann bastle dir einen kleinen Blicksucher, indem du ein schmales Rechteck aus einem quadratischen Stück Pappe ausschneidest. Nimm es zum Zeichnen mit und schau, wie viele kleine Spalten du sammeln kannst.*

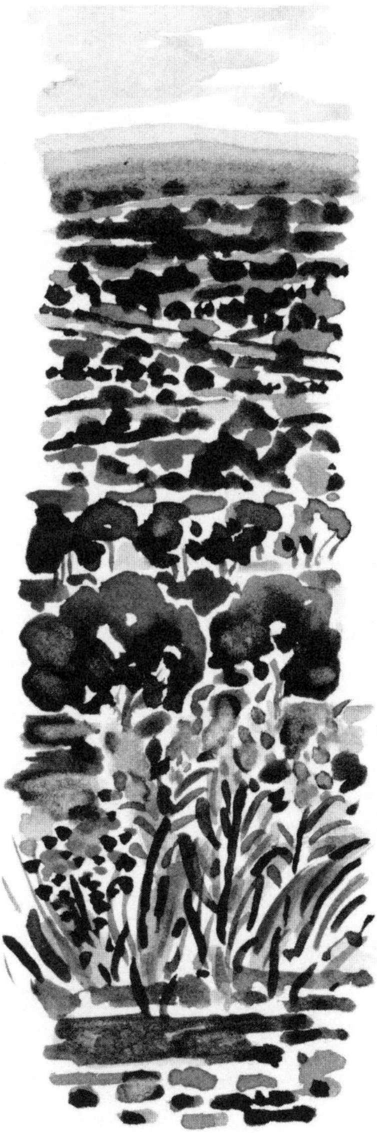

FARBVERÄNDERUNGEN

Mittlerweile bist du bestimmt schon dabei, einen Blick für Farbe zu entwickeln. Einer der spannendsten Aspekte an Farbe, der dir vielleicht bereits aufgefallen ist, ist ihre Wandlungsfähigkeit. Die Farbe einer Blume oder eines Berghangs ist nicht statisch, sondern verändert und entwickelt sich die ganze Zeit. Das liegt an den sich ändernden Lichtverhältnissen, am Wetter und den Jahreszeiten, die beeinflussen, wie die Farben reflektiert werden. Künstliches Licht in Innenräumen verändert die Farben der Natur noch mehr.

Unsere Gehirne gleichen das in gewissem Maße aus, sodass die Farben vor unserem inneren Auge relativ konstant erscheinen. Aber wenn du genau hinguckst, wirst du sehen, wie die Farben sich verändern. Wir wissen alle, wie dramatisch das Meer von einem Moment auf den anderen die Farbe wechseln kann. Aber hast du schon mal gesehen, wie die Brust eines Rotkehlchens im Sonnenlicht orangefarben aufstrahlt, nur um sich dann in ein rötliches Braun zu verwandeln, sobald das Rotkehlchen in den Schatten hüpft? Selbst Schatten können die Farbe ändern. An einem verschneiten Tag wird dir auffallen, dass die Schatten morgens ein bläuliches Violett haben, mittags aber dunkler und grauer erscheinen.

Farbwechsel lassen sich auch toll beobachten, indem man wiederholt dasselbe Motiv oder denselben Blick zu unterschiedlichen Tages- und Jahreszeiten zeichnet (ein berühmtes Beispiel hierfür sind Monets Getreideschober-Gemälde). Warum probierst du es nicht aus? Such dir ein kleines, einfaches Motiv aus – ein Blatt oder eine Blume – und zeichne es drinnen und draußen, zu verschiedenen Tageszeiten, bei Sonnenschein oder bewölktem Himmel. Und wenn du wirklich mit Feuereifer dabei bist, dann auch zu verschiedenen Jahreszeiten. Achte darauf, wie die Farben sich ändern.

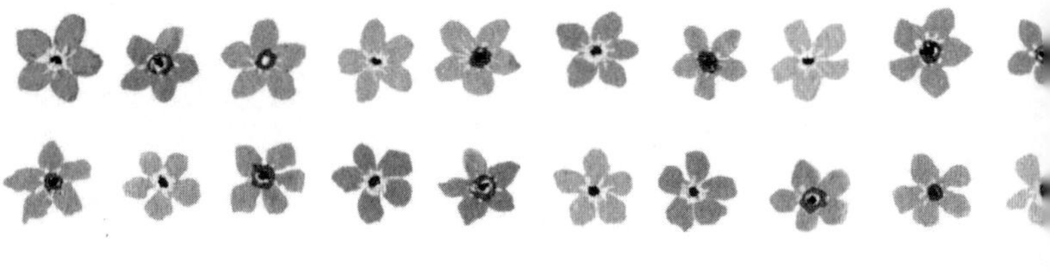

KONZENTRIER DICH AUF DIE FARBEN, NICHT AUF DAS KUNSTWERK

Sobald du diese Übungen ausprobiert hast, wirst du beim Entdecken und Zeichnen der Farben selbstbewusster sein. Behalte dennoch im Hinterkopf, dass beim Zeichnen mit Farbe ein gewisses Risiko besteht: Es könnte den Zweck deiner Skizze ändern. Nur zu leicht betrachtet man eine kolorierte Skizze eher als Kunstwerk denn als Beobachtungswerkzeug – und schon achtet man mehr darauf, wie die Zeichnung aussieht. Das ist kein Problem, solange du dir dessen bewusst bist. Falls du aber zu viele Gedanken darauf verwendest, dass du deine Zeichnung ruinieren könntest, oder nur noch darauf achtest, dass sie gut aussieht, erinnere dich sanft daran: Es ist Greensketching! Und auch eine kolorierte Zeichnung muss nicht gut aussehen, um etwas wert zu sein.

Vielleicht entscheidest du dich auch, dir über Farbe gar nicht erst den Kopf zu zerbrechen, oder empfindest sie als zu große Ablenkung. In diesem Fall zeichne einfach weiter

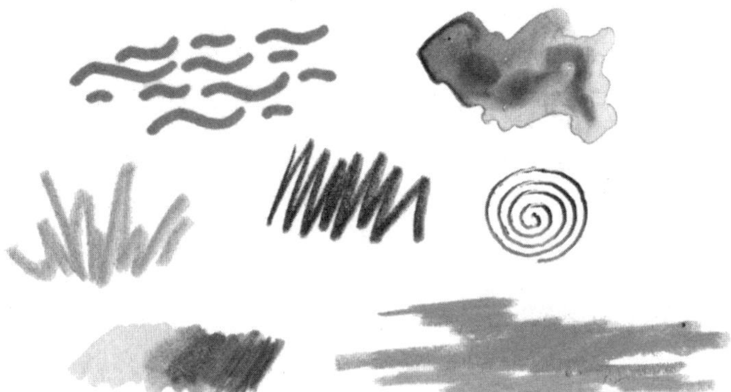

mit einem Bleistift, irgendeinem anderen Stift oder mit Kohle. Beim Greensketching geht es stets darum, etwas auf deine Weise zu tun, für dein eigenes Wohlbefinden! Und diesen Aspekt werden wir gleich noch vertiefen …

LERNE, WIE DU VERSCHIEDENE FARBKOMBINATIONEN ENTDECKST!

Ob dir eine Farbe ins Auge sticht oder dich zum Lächeln bringt, hängt oft davon ab, welche Farben sie umgeben. Halte die Augen nach den folgenden Farbkombinationen offen:

1. Oft weisen monochrome Farbkombinationen Variationen eines einzigen Farbtons auf. Wenn alle Farben blass sind und du lediglich unterschiedliche Grauschattierungen wahrnimmst, kann eine neblige Landschaft sehr monochrom erscheinen. Wenn du an einem dunstigen Sommermorgen aufs Meer schaust, wirst du vielleicht von verschiedenen Blautönen umhüllt sein oder du tauchst in den Tiefen eines Waldes in verschiedene Grünschattierungen ein.

2. Analoge Farbkombinationen beinhalten zwei oder mehr ähnliche Farben und scheinen oft miteinander zu verschmelzen. Ein atemberaubender Sonnenuntergang besteht häufig aus Pink- und Orangetönen und Korallenrot, während sich bei Herbstlaub eine wunderschöne Mischung aus Rot-, Braun-, Orange- und Gelbtönen findet.

3. Komplementärfarben ergeben eine »knallige« Kombination und bringen einander noch mehr zum Strahlen. In der modernen Farblehre gelten Gelb und Blau, Cyan und Rot sowie Grün und Magenta als visuelle Komplementärfarben. Sobald du danach Ausschau hältst, wirst du eine Fülle von Beispielen dafür in der Natur finden. Tanzende gelbe Narzissen vor einem strahlend blauen Himmel sind schwer zu toppen!

4. Mehrfarbige Kombinationen beinhalten mindestens vier verschiedene Farbtöne, die einigermaßen gleichmäßig auf dem Farbkreis verteilt sind (z. B. Rot, Gelb, Blau und Grün). Korallenriffs oder Wildblumenwiesen sind tolle Beispiele, aber oft findest du diese Vielfarbigkeit auch näher an deinem Zuhause. Du musst nur etwas genauer hinsehen.

TEIL III

ERMUTIGUNG

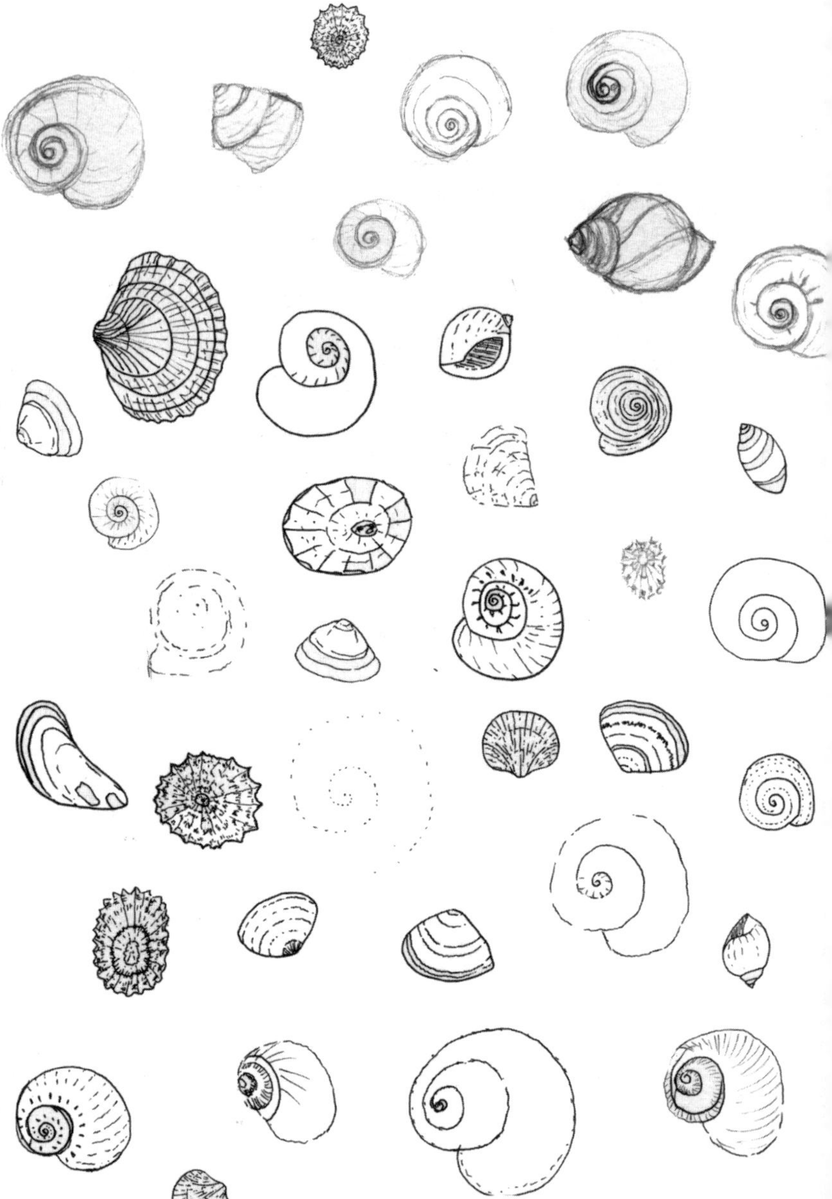

KAPITEL 9

AUF DEINE EIGENE ART UND WEISE, FÜR DEIN EIGENES WOHLBEFINDEN

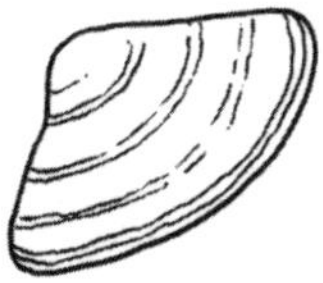

Wer über die Schönheit der Erde nachdenkt, findet Kraftreserven, die so lange Bestand haben, wie das Leben dauert.

Rachel Carson, *Der stumme Frühling*

Wenn du ein paar der Übungen aus dem zweiten Teil des Buchs ausprobiert hast, weißt du jetzt, wie entspannend Greensketching sein kann; wie sehr es dir dabei hilft, zu entschleunigen und mehr auf die Schönheit der Natur zu achten. Jetzt zeige ich dir, wie du Greensketching proaktiv nutzen kannst, um dein Wohlbefinden zu fördern und deine einzigartige Verbindung zur Natur zu stärken.

GREENSKETCHING ALS SELBSTFÜRSORGE

Ehe wir das Thema vertiefen, solltest du einen Moment darüber nachdenken, was Wohlbefinden für dich bedeutet. Glück und Gesundheit? Oder schlicht die Abwesenheit von Trauer und Einsamkeit? Ist es das Gefühl, aufzublühen und dein Potenzial ausschöpfen zu können? Oder der stille Zustand von Zufriedenheit und Akzeptanz?

Wie auch immer du Wohlbefinden definierst, eines steht fest: Wir denken selten darüber nach, wenn alles gut läuft, leiden aber schrecklich, wenn wir uns nicht wohlfühlen.

Die gute Nachricht ist: Wir haben mehr Kontrolle über unser tägliches Wohlbefinden, als uns bewusst ist. Selbst wenn wir uns von den Umständen gefangen fühlen, wenn geliebte Menschen uns zurückweisen, wenn unsere Gesundheit zu wünschen übrig lässt oder wir nicht genug Geld haben – es ist uns dennoch möglich, unsere Emotionen zu regulieren und unseren Gefühlszustand zu verbessern. Es geht hier nicht um positives Denken oder darum, Schmerz zu leugnen. Sondern darum, unsere Gefühle wahrzunehmen und darauf zu reagieren – damit wir unsere Stimmungen und Gefühle ausbalancieren und regulieren können.

DIE REGULIERUNG UNSERER STIMMUNGEN

Studien belegen, dass viele unserer alltäglichen psychischen Probleme entweder mit einer Über- oder einer Untererregung unseres vegetativen Nervensystems zusammenhängen.[30] Wenn wir gestresst, reizbar, abgelenkt oder ängstlich sind, sind wir übererregt. Unsere Körper werden von Cortisol geflutet und sind bereit für Kampf oder Flucht. Wenn wir deprimiert sind, uns hilflos und elend fühlen, ist unser vegetatives Nervensystem untererregt. Uns fehlt es an Energie und Motivation.

Um unsere Stimmung zu verbessern, müssen wir also entweder einen Weg finden, uns zu beruhigen oder uns aufzuheitern. Bis zu einem gewissen Punkt übernimmt unser Körper das automatisch – ein Prozess, den man Homöostase nennt. Aber die Geschwindigkeit unseres modernen Lebensstils und der Druck, der dadurch auf uns lastet, können die Wiederherstellung des Gleichgewichts oder die »Zentrierung« zu einer echten Herausforderung machen. Nur zu leicht mündet das in ein chronisches Stress- oder Angstgefühl, in eine Depression oder das Gefühl, von einem Zustand in den nächsten zu kippen. Die zugrunde liegende Wissenschaft ist noch viel komplexer, aber mir hilft es, das Chaos in meinem Kopf auf das metaphorische Bild einer Schaukel zu reduzieren und mir vor Augen zu halten, dass es meist eine einfache Lösung für meine Probleme gibt: Ich brauche entweder mehr Ruhe oder mehr Freude.

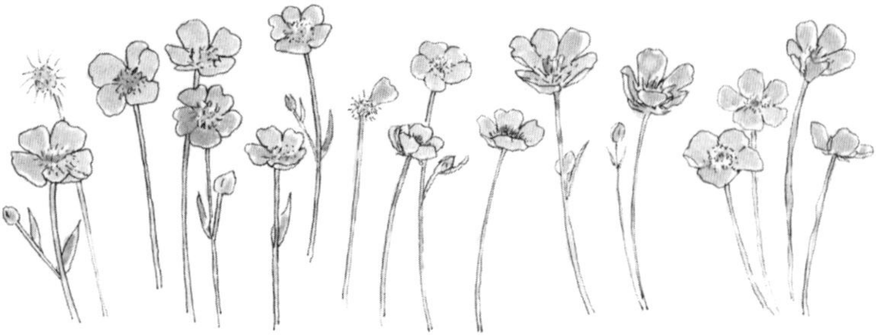

EIN WERKZEUG, MIT DEM MAN FREUDE UND RUHE FINDET

Sobald du diese Schaukel kennst, kannst du Schritte zur Regulierung deiner Gefühle einleiten und so dafür sorgen, dass deine Stimmungen und dein Stresslevel nicht außer Kontrolle geraten*. Wäre es nicht toll, ein Werkzeug zu haben, das dich sowohl aufheitern als auch beruhigen kann? Ein Werkzeug, zu dem Menschen jeden Alters Zugang haben, auch diejenigen, die sich normalerweise nicht für traditionelle Heilmethoden wie Yoga oder Meditation begeistern können? Darf ich vorstellen: Greensketching!

Im zweiten Kapitel ging es um die vielfältigen Vorteile des Greensketching in Bezug auf unser Wohlbefinden und unsere Naturverbundenheit. Aber was Greensketching so hilfreich macht, ist seine Fähigkeit, uns Freude zu bereiten *und* uns zu beruhigen – und genau deswegen ist es auch Teil meines Erste-Hilfe-Kastens für psychische Gesundheit. Wann immer ich gestresst bin oder einen freien Kopf kriegen will, schnappe ich mir mein Skizzenbuch und gehe hinaus in die Natur. Die Kombination aus stiller Einsamkeit, Freude-Entdecken und Kritzeln muntert mich immer auf und beruhigt meine nervösen, rasenden Gedanken.

**Bitte beachte, dass es hier um die alltäglichen Höhen und Tiefen geht, die wir alle erleben; die traurige Verstimmung oder den Trott, in den wir manchmal verfallen. Wenn du mit einem langwierigeren oder schmerzhaften psychischen Problem zu kämpfen hast, such dir bitte ärztliche Hilfe oder sprich mit einer Person, der du vertraust.*

ENTWICKLE DEINE EIGENE ART DES GREENSKETCHING

Ich möchte, dass du deine eigene Art des Zeichnens erkundest, die deinem eigenen Wohlbefinden dient. Deswegen gibt es auch keine Schritt-für-Schritt-Anleitungen in diesem Buch. Die würden nämlich nur meine »Art« zeigen! Herauszufinden, was für dich am besten funktioniert, ist ein gradueller Prozess, der Zeit braucht. Aber je mehr du skizzierst, desto klarer wird dir werden, was dich draußen am glücklichsten macht – und welche Orte. Zur Inspiration habe ich vier Beispiele für unterschiedliche »Kritzeltypen« eingefügt, die ihre ganz verschiedenen Herangehensweisen beim Greensketching zeigen:

	Kritzler A	Kritzler B	Kritzler C	Kritzler D
Spezielles Interesse	achtet aufs Detail	liebt Muster und Beziehungen	mag Umrisse, große Formen und freie Flächen	reagiert empfindlich auf Schönheit und Licht
Zeichenstil	sorgsame, komplexe Linien	rhythmischer, fließender Strich	kühne, entschlossene, unverfrorene Linien	zarte, halbabstrakte Linien
Bevorzugtes Zeichenmaterial	Fineliner, Bleistift, Buntstifte	Wasserfarben, Tusche, Pinselstifte	Kohle, Marker, Gouache	Wasserfarben, Pastellkreiden, wasserlösliche Buntstifte
Bevorzugte Motive	Blätter, Insekten, Pilze, Winterbäume	Bäume, Gräser, Wasser, Sand, Wolken und Wellen	Berge, Wälder, strahlende Sommergärten, Sonnenuntergänge	Blüten, Wolken, Schmetterlinge, Vögel
Bevorzugte Farben	Schwarz, Brauntöne, Grüntöne	Blautöne, Grüntöne, Türkis, Violett	Schwarz, Rottöne, Orangetöne, Gelbtöne, Hellblau	Pastelltöne, Korallenrot, Bernsteingelb, Weiß

Du wirst ein bisschen herumexperimentieren müssen wie ein neugieriger Wissenschaftler. Variiere, was, wo und wann du zeichnest. Achte darauf, wann du am glücklichsten und entspanntesten bist, aber auch auf die Momente, in denen du frustriert bist. Finde heraus, was dir am leichtesten fällt – ein gutes Zeichen dafür, dass du auf dem richtigen Weg bist. Mithilfe der folgenden Fragen kannst du die verschiedenen Möglichkeiten erkunden:

Wie zeichnest du gern?

- Schwarz-weiß oder bunt?
- In ein schickes Skizzenbuch oder auf die Rückseite eines Umschlags?
- Ordentlich und vorsichtig oder wild und locker?
- Kleine Kritzeleien oder über zwei Seiten hinweg?
- Zwei Minuten oder eine halbe Stunde?

Was zeichnest du gern?

- Landschaften, kleine Schätze oder eine Kombination aus beidem?
- Deine Lieblingsblume, einen Baum, einen Vogel, ein Tier oder ein Motiv, das mit Wasser zu tun hat?
- Welche Aspekte der Natur faszinieren dich besonders?
- Welche Wildtiere bringen dich selbst dann zum Lächeln, wenn du traurig bist?
- Welche Farbkombination sticht dir ins Auge?

Wo zeichnest du gern?

- Welche natürlichen Umgebungen oder Landschaften empfindest du als tröstlich?
- Wo bist du am glücklichsten?
- Wo fühlst du dich am ruhigsten?
- Wo fühlst du dich zugehörig?
- Welcher Ort weckt schöne Erinnerungen in dir?

Wann zeichnest du gern?

- In welcher Jahreszeit fühlst du dich lebendig?
- Morgengrauen, Abenddämmerung oder dazwischen?
- Was ist dein Lieblingswetter?
- Sonnenschein und Schatten oder diffuses, sanftes Licht?
- Jeden Tag, am Wochenende oder nur im Urlaub?

Das Wichtigste ist, dass du Greensketching nicht zu ernst nimmst. Am Ende des Tages kritzelst du einfach nur. Sorg dafür, dass es spielerisch bleibt, und gestatte dir, deine Kreativität zu erforschen (so viel oder wenig du möchtest). Lass deine Beobachtungen mit deiner Vorstellungskraft verschmelzen. Nicht nur Kinder dürfen spielen! Das Spiel ist ein mächtiger Energielieferant und kann uns aus Stimmungstiefs reißen. Außerdem können wir dabei auch etwas über unser wahres Selbst erfahren.

ZEICHNE, WIE DU DICH FÜHLEN WILLST

Mit der Zeit wirst du lernen, dein Motiv und deine Zeichenweise deiner aktuellen Gemütslage und außerdem der Stimmung, in der du dich gern befinden würdest, anzupassen. Dir wird deine innere Reaktion auf deine Umgebung auffallen. Das mag keine exakte Wissenschaft sein, aber indem du veränderst, worauf du dich konzentrierst, kannst du auch deine Stimmung verändern.[31] Um dir den Einstieg zu erleichtern, habe ich hier ein paar Vorschläge gesammelt. Warum ergänzt du die Liste nicht mit deinen eigenen Erfahrungen?

Ruhe: Wasser, Sonnenuntergang, Himmel; vertraute Orte

Konzentration: Farn, Winterbäume, Muscheln, komplizierte Blätter und Blumen

Freude: Wiesen und blühende Bäume; Farbe und Fülle

Hoffnung: Schneeglöckchen, Knospen und kleine Blätter, Anzeichen von Frühling/Erneuerung

Verbindung: Vögel und tierreiche Orte, Wälder

Reflexion der Lebensreise (Blick in die Zukunft oder die Vergangenheit): Wege, Tore, Lücken

Trost/Zuspruch: Landschaften, Orte und Natur, die wir mit unserer Kindheit assoziieren

Erstaunen und Wunder: epische Landschaften und Wetterphänomene; Berge und weite Ausblicke, Motive mit endloser Wiederholung wie Fraktale (bei denen sich ein Muster in verschiedenen Größen wiederholt), Wellen und Muster in der Natur

Freiheit und Befreiung: weite Himmel und offene Landschaften, Höhe

Dankbarkeit: Nenne drei Dinge, die dich glücklich machen und für die du dankbar bist, sie in deiner Gegend zu finden

Liebe: Zeichne immer wieder eine kleine Pflanze, während sie wächst; zeichne herzförmige Objekte, die sich in der Natur finden lassen (und das sind überraschend viele!): Blätter, Wolken und Kieselsteine zum Beispiel

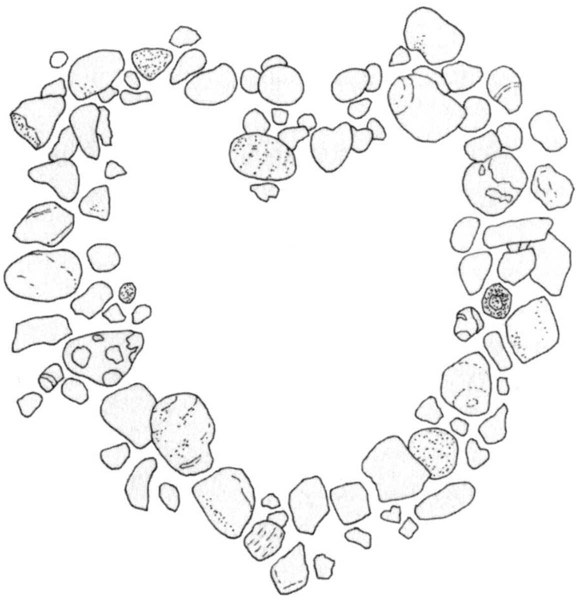

WIE REAGIERST DU AUF FARBE?

Versuch, besonders auf die Farben der Natur zu achten und darauf, was sie in dir auslösen. Magst du lieber warme oder kühle Farben? Ziehen dich eher helle oder dunkle Farben an? Sind dir strahlende oder matte Farben lieber? Wie fühlst du dich beim Anblick verschiedener Farbkombinationen? Eher ruhig oder eher energiegeladen? Die Farben der Natur haben einen großen Einfluss auf unser Wohlbefinden. Unsere Reaktion auf sie ist sehr persönlich und unterschiedlich und hängt auch davon ab, wo und wann wir eine bestimmte Farbe sehen.

Im Großen und Ganzen belegen Studien, dass helle und strahlende Farben uns generell glücklicher machen.[32] Grün wird mit einer niedrigeren Herzfrequenz in Verbindung gebracht und Rot mit emotionaler Erregung und einer beschleunigten Herzfrequenz.[33] Es gibt auch faszinierende Belege dafür, dass wir Zeitspannen eher überschätzen, wenn wir blauen Farben ausgesetzt sind, und dass wir das weniger tun, wenn wir von Rottönen umgeben sind.[34] Vielleicht erklärt das, weshalb ein blauer Himmel oder das Meer so entspannend auf uns wirken.

Ich reagiere sehr empfindlich auf Farben und gehe oft auf eine Kritzelmission, um in einer bestimmten Farbkombination zu versinken, von der ich weiß, dass sie mich entweder belebt oder tröstet. Obwohl Lila im Alltag nicht gerade meine Lieblingsfarbe ist, zieht sie mich in der Natur oft magisch an, wenn ich mich entspannen will. Ich liebe es, Hasenglöckchen und Glockenblumen, Heidelandschaften oder violette Schatten auf dem Schnee zu zeichnen. Auch was Rosa in all seinen natürlichen Formen angeht, bin ich eine echte sammelwütige Elster, weil ich es so tröstlich finde: Apfelblüten, Wolken, die Federn eines Dompfaffen. Und nichts macht so glücklich wie das Skizzieren eine Wiese voller Wildblumen!

Wie steht es bei dir? Achte darauf, welche Gefühle unterschiedliche Farben beim Zeichnen an der frischen Luft in dir auslösen, und nutz deine Erkenntnisse, um für dich selbst zu sorgen.

STÄRKE DEINE BEZIEHUNG ZUR NATUR

Je mehr du zeichnest, desto stärker wird deine einzigartige und persönliche Verbindung zur Natur. Einige Dinge werden dir mehr auffallen als andere, manche sind dir wichtiger als andere. Es ist ein organischer Prozess, den du nicht erzwingen musst. Allerdings gibt es ein paar Möglichkeiten, deine Beziehung zur Natur noch weiter zu stärken:

Kritzle deine Dankbarkeit

Eine Fülle von Studien belegt, dass Dankbarkeit sich positiv auf unsere Gesundheit und unser Wohlbefinden auswirkt.[35] Ich habe während der vergangenen fünf Jahre ein einfaches Dankbarkeits-Tagebuch geführt und weiß, dass es gegen mein Negativitätsbias hilft. Meine Einträge handeln normalerweise von meiner Familie, meinen Freunden, Kritzelabenteuern, verhinderten Katastrophen und Kuchen. Wenn du deine Beziehung zur Natur erweitern möchtest, willst du dich vielleicht auf deine Wertschätzung ihr gegenüber konzentrieren.

Studien der Arbeitsgruppe für Naturverbundenheit an der University of Derby haben ergeben, dass sich unser Wohlbefinden und unsere Verbindung zur Natur bereits verbessern können, wenn uns drei gute Dinge auffallen. Das Forschungsteam hat eine App für das Smartphone entwickelt, die den Nutzer dazu auffordert, seine Naturbeobachtungen festzuhalten.[36] Die Idee ist ziemlich clever und erfolgreich, aber in meinen Augen bietet Greensketching sogar noch mehr Vorzüge: Es ermutigt dich zur Entschleunigung, dazu, die Natur zu genießen und über den Bildschirm deines Handys hinauszusehen.

Wenn du deine Dankbarkeit kritzeln willst, probier doch eine dieser Ideen aus:

- Geh auf einen Spaziergang und zeichne drei Dinge, die dir ins Auge stechen und dich zum Lächeln bringen. Wiederhole das täglich, wöchentlich oder monatlich.
- Skizziere deine Liebe zur Natur! Zeichne ein großes Herz und fülle es mit Zeichnungen von allem, was du in deinem Garten oder dem nächstgelegenen Park finden kannst. Wiederhole es täglich, wöchentlich oder monatlich.
- Mach einen Spaziergang und kritzle drei Dinge in der Natur, deren Verlust dich wirklich schmerzen würde. Wiederhole es täglich, wöchentlich oder monatlich.

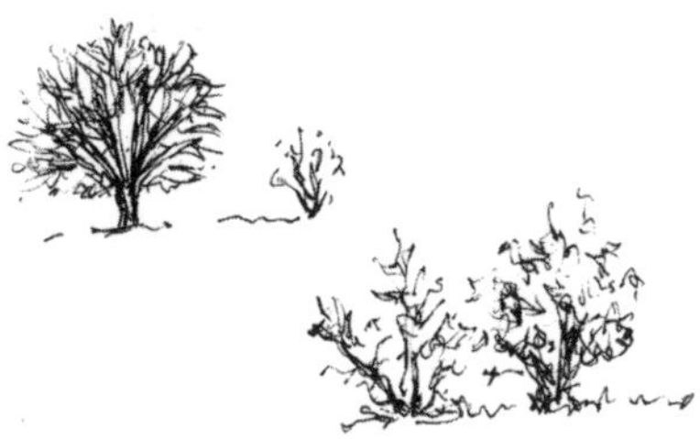

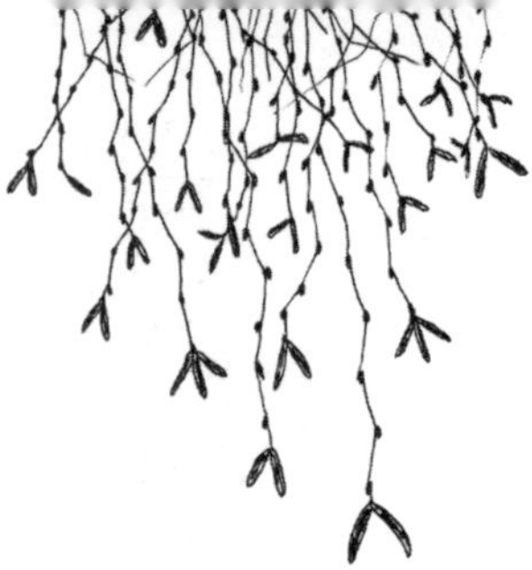

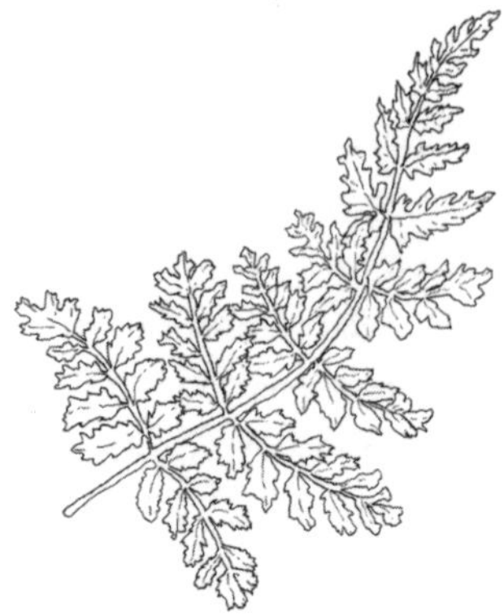

Stärke dein Ortsbewusstsein

Wissenschaftler haben herausgefunden, dass es uns an einem Ort umso besser geht, je stärker unsere Verbindung zu ihm ist.[37] Wenn ein Ort mit Erinnerungen verbunden ist, ist unser Zugehörigkeitsgefühl und unser Wohlbefinden ebenfalls größer.[38] Warum also versuchst du nicht mal, Orte zu zeichnen, die dir etwas bedeuten? Plätze, zu denen du eine Verbindung spürst? Es könnte der Ort sein, an dem du lebst oder an dem du aufgewachsen bist. Vielleicht ist es auch ein spezieller Platz oder eine Landschaft, die du mit den Urlauben deiner Kindheit assoziierst.

Was auch immer du auswählst: Greensketching wird dir Details offenbaren, die du nie zuvor gesehen hast. Das kann eine echte Erleuchtung sein! Teilnehmer meiner Zeichenkurse sagen oft: »Ich habe mein Leben lang hier gewohnt und mir ist nie aufgefallen …« Es ist toll, wie viel du beim Skizzieren über den Charakter eines Ortes lernen kannst, besonders, wenn du es zu unterschiedlichen Zeitpunkten im Jahr tust.

Wenn du einen Baum an einem geliebten Ort zeichnest, dann kann das deine Wurzeln im übertragenen Sinne noch mehr stärken. Die Bäume in unserer Umgebung sind oft mehr als Pflanzen: Sie sind vertraute Freunde. Warum nicht mal einen Baum zeichnen, den du jeden Tag siehst? Achte darauf, wie deine Beziehung zu ihm sich ändert – nachdem du ihn gezeichnet hast.

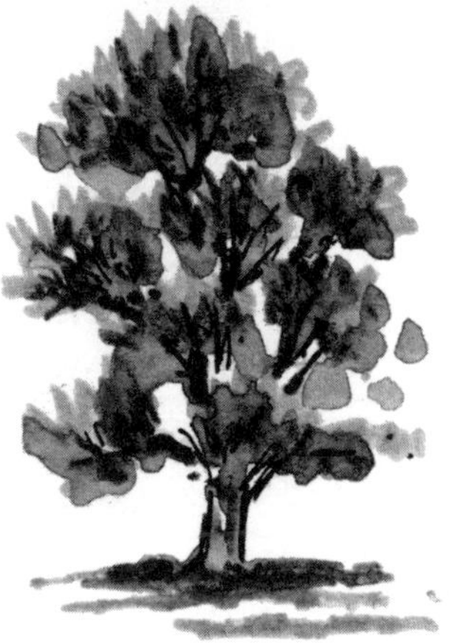

Such dir Zuspruch und Trost in der Natur

Natürlich können uns ein paar Minuten des Freudesuchens nicht immer aufheitern. Von schmerzlichen Verlusten über unausgesprochene Traumata bis hin zu großer Scham oder chronischer Trauer: So viele von uns leiden im Stillen an ihren Verletzungen oder gebrochenen Herzen. Wir wissen, dass wir uns an Familie und Freunde wenden sollen, aber aus vielen Gründen ist das nicht immer möglich. Manchmal sind wir einsamer, als wir es sein wollen.

Vielleicht kann Greensketching deinen Herzschmerz nicht lindern, aber es kann deine Verbindung zur Natur stärken. Du kannst das freundliche Rotkehlchen skizzieren, das dir Gesellschaft leistet, oder den Sturmhimmel, der deine Stimmung widerspiegelt. Du kannst den weisen, alten Baum zeichnen, der dich tröstet, oder die Gänseblümchen, die dich an zu Hause erinnern. Und du kannst das Auf und Ab der Jahreszeiten zeichnen, das den Problemen in unserem Leben so sehr ähnelt.

Wenn du deine Beziehung zur Natur vertiefst, wirst du herausfinden, dass sie in schweren Zeiten ein Anker sein kann, eine Quelle des Trostes und des Zugehörigkeitsgefühls. Es ist eine Beziehung, die dich immer stärkt und nie verletzt, verurteilt oder zurückweist.[39] Wenn du also das nächste Mal niedergeschlagen bist, geh mit deinem Skizzenbuch nach draußen. Vielleicht bemerkst du, wie deine Einsamkeit sich in heilsames Alleinsein wandelt.

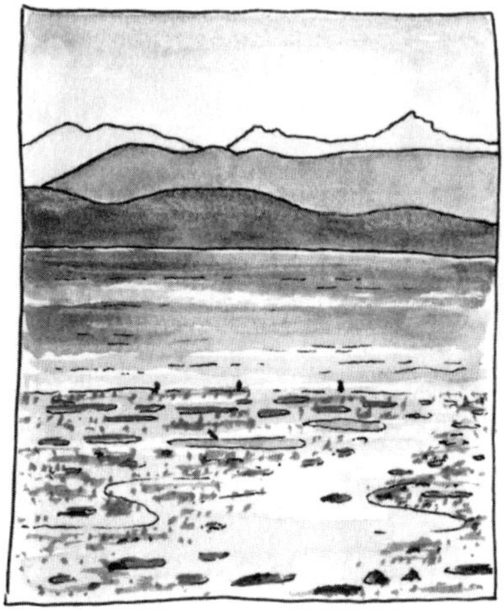

EIN ZUGÄNGLICHES UND VIELSEITIGES TOOL FÜR DAS WOHLBEFINDEN

Selbstfürsorge ist für unsere Gesundheit und unser Wohlbefinden unverzichtbar und nimmt außerdem den Druck von unseren überlasteten Gesundheitssystemen. Es muss gar nicht kompliziert sein. Es braucht nur etwas Achtsamkeit und Mitgefühl für und mit uns selbst: Wir müssen bemerken, wie es uns geht und was wir brauchen. Greensketching ist vielleicht kein Allheilmittel; aber es ist ein vielseitiges, erschwingliches und leicht anwendbares Selbstfürsorgetool, das die Stimmung hebt, beruhigt und uns hilft, mit der heilenden und stärkenden Kraft der

Natur in Verbindung zu treten. Es hat das Potenzial, uns zu unterstützen und unser Leben zu bereichern; aber um einen nachhaltigen Einfluss auf unser Wohlbefinden zu haben, muss Greensketching Teil unseres Alltags werden. Wir müssen es oft wiederholen. Wir müssen eine Gewohnheit daraus machen.

Als privilegierte weiße Frau, die in einem wunderschönen Teil Großbritanniens lebt, wäre es falsch und unsensibel zu behaupten, man könne seine Probleme einfach wegkritzeln. Das bloße Zeichnen kommt gegen den Rassismus, die Vorurteile, die Ungleichheit, die Armut oder die alltägliche Grausamkeit, die du vielleicht ertragen musst, nicht an. Aber möglicherweise kann es dir helfen, dich ein kleines bisschen besser zu fühlen und durchzuhalten – dank eines freien Kopfes und frischer Luft.

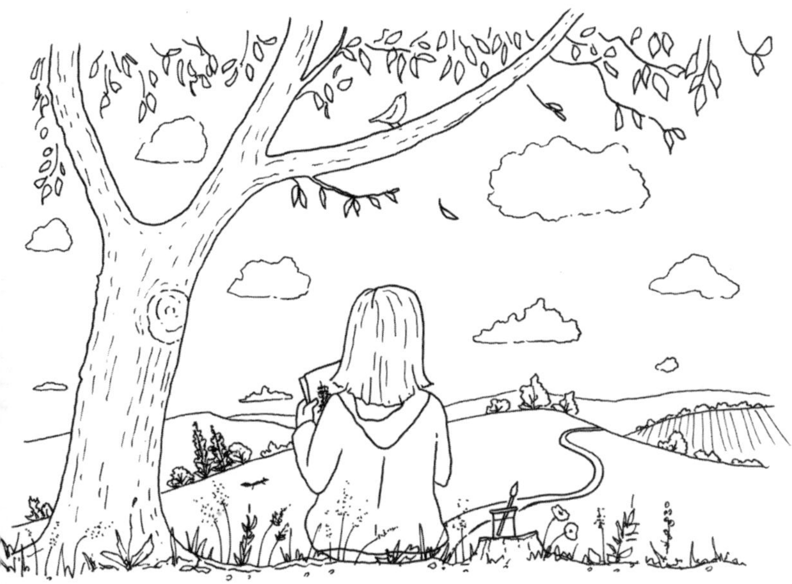

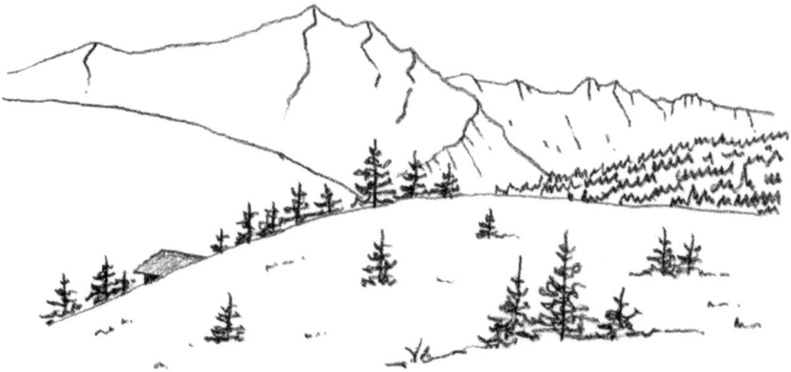

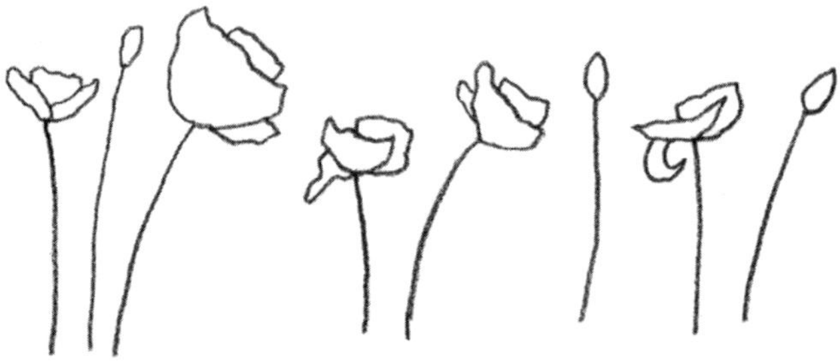

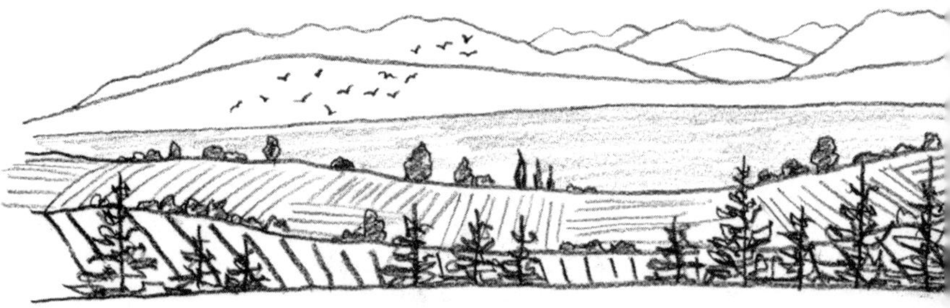

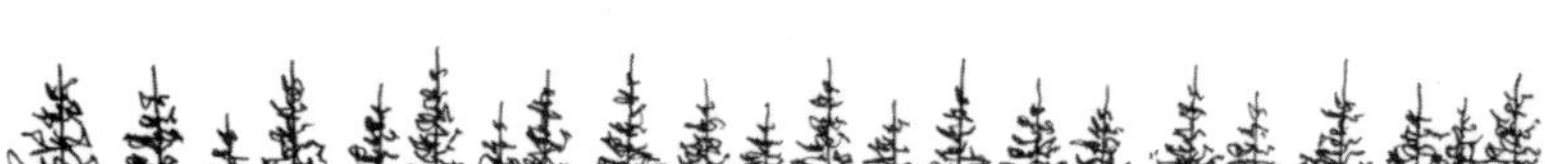

KAPITEL 10

SCHAFFE EINE GREENSKETCHING-ROUTINE, DIE DU LIEBST

Es schadet nie, Ausschau nach der Sonne zu halten.

I-Ah in *Pu der Bär* von A. A. Milne

Es besteht ein großer Unterschied zwischen dem, etwas einfach für eine gute Idee zu halten – und es tatsächlich in die Tat umzusetzen. Deswegen möchte ich dir mit diesem Kapitel helfen, aus dem Greensketching eine einfache und lohnende Angewohnheit zu machen – und nicht etwas, was du theoretisch gut findest, wozu du aber nie kommst. Ich habe mich eingehend mit der Forschung zu Gewohnheiten und Verhaltensänderungen beschäftigt und will hier mit dir teilen, was ich gelernt und als besonders hilfreich empfunden habe.[40] *Am besten probierst du die Tipps aus, die dich ansprechen, und ignorierst die, die es nicht tun.*

FINDE DEIN »WARUM«

Es ist viel leichter, an einer neuen Sache »dranzubleiben«, wenn man genau weiß, warum man sie tut und wie man davon profitiert. Die Motivation ist allentscheidend, und genau deswegen geht es in diesem Buch eher um das »Warum« als um konkrete Anleitungen. Es gibt endlos viele Gründe, mit dem Greensketching zu beginnen! Wirf einen Blick auf die folgende Liste und schau, ob du mit ihrer Hilfe dein »Warum« leichter identifizieren kannst:

- Du hast gerade viel Stress und möchtest dich entspannen und einen freien Kopf kriegen.
- Du bist in bestimmten Lebensumständen gefangen und brauchst eine neue Perspektive.
- Du sehnst dich nach einer Art von Verbundenheit, die du anderswo in deinem Leben nicht finden kannst.

- Deine Tage fühlen sich ein wenig grau und monoton an.
- Dir gefällt die Vorstellung eines Lebens voller bunter Kritzeleien.
- Du willst weniger vor dem Bildschirm und auf dem Sofa herumhocken.
- Du willst mehr im Moment leben und achtsamer sein.
- Du willst dich von chronischen Schmerzen ablenken.
- Du willst deinen Herzschmerz lindern.
- Du brauchst einen Grund, öfter rauszugehen.
- Du willst eine geistige und körperliche Verbindung zur Natur aufbauen.
- Du willst deine ängstlichen Gedanken beruhigen.
- Du willst etwas Kreatives ausprobieren, auf eine sichere, nicht bedrohliche Art.
- Du willst beim Zeichnen selbstbewusster werden.
- Du willst etwas in Händen halten, das nicht dein Handy, eine Zigarette oder eine Tüte Süßigkeiten ist.
- Du liebst die Natur und willst deine Erfahrungen und Abenteuer im Freien festhalten.
- Du willst ein bisschen »Me-Time«.
- Du willst deine Kinder inspirieren.
- Du willst mehr Freude im Leben haben!

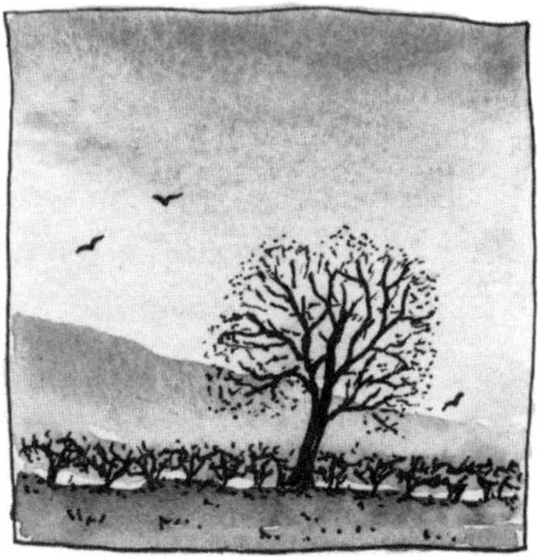

Wenn es dir schwerfällt, deine Motivation auf den Punkt zu bringen, dann überleg dir, welche Art von Person du sein könntest, wenn Greensketching fester Bestandteil deines Lebens wäre. Ein weniger ängstlicher Student? Eine fröhlichere, entspanntere Mutter? Eine weniger gestresste Chefin? Die Forschung besagt, dass eine ersehnte Identität eine starke Motivation für eine Verhaltensänderung sein kann. Wer möchtest du sein?

MACH ES DIR LEICHT

Je leichter dir das Greensketching fällt, desto leichter wird Gewohnheit daraus. Überleg also, wie du mögliche Hindernisse (und Entschuldigungen!) aus dem Weg räumen kannst, und mach es dir so einfach wie möglich, nach einem Stift zu greifen.

Versuch, dein Zeichenbuch immer bei dir zu haben, sodass es genauso unverzichtbar wird wie deine Schlüssel, deine Geldbörse oder dein Handy. Warte nicht auf irgendeinen imaginären Zeitpunkt in der Zukunft, an dem du vermeintlich mehr Zeit haben wirst. Meine Tasche, mein Auto und meine Manteltaschen quellen immer über von all den verschiedenen Stiften und Bleistiften, die ich mitschleppe. Aber es macht wirklich einen Riesenunterschied, ob man sein Werkzeug immer dabeihat oder nicht!

Die gut Organisierten unter euch bereiten vielleicht eine kleine Greensketching-Tasche vor, die stets einsatzbereit ist. Wenn du gerne mit Bleistiften zeichnest, sorg dafür, dass du immer einen Anspitzer und einen kleinen Beutel für die Späne bei dir hast. Oder du benutzt einen Klick-Bleistift und nimmst Ersatzminen mit.

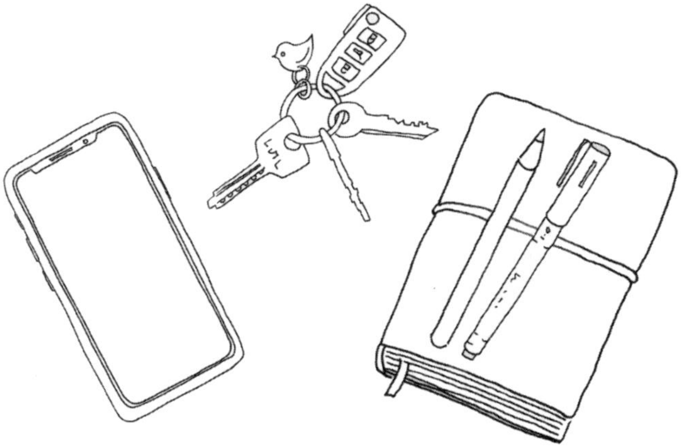

Und noch ein Tipp: Halte deinen Zeichenblock beim Spazieren immer in der Hand. So benutzt du ihn viel eher, als wenn er in den Tiefen deiner Tasche ruht. Dorthin packst du lieber dein Handy – dann gerätst du nicht in Versuchung, achtlos danach zu greifen.

MACH ES SCHNELL

Je schneller und leichter uns etwas von der Hand geht, desto eher wiederholen wir es und desto eher wird eine neue Angewohnheit daraus. Versuch, deine Zeichensessions kurz zu halten, besonders wenn du gerade damit beginnst (meine dauern oft weniger als zehn, viele sogar weniger als zwei Minuten). Schnelle Kritzeleien machen Spaß und nehmen dir den Druck, ein Meisterwerk zu erschaffen. Natürlich hindert dich nichts daran, den ganzen Tag mit Greensketching zu verbringen, wenn du willst. Aber wenn du eine dauerhafte Angewohnheit daraus machen willst, dann sind kleine und häufige Zeicheneinheiten oft die bessere Wahl.

MACH ES ANSPRECHEND

Eigentlich brauchst du nichts als Bleistift und Papier, um loszulegen. Aber vielleicht möchtest du dir trotzdem irgendwann ein Skizzenbuch anschaffen. Ich werde oft um Tipps für ein geeignetes Anfängermodell gebeten und bin dann immer hin- und hergerissen. Einerseits ist es clever, ein günstiges Skizzenbuch zu kaufen, damit du nicht das Gefühl hast, du würdest es »verschwenden«. Denn viele deiner Skizzen werden, besonders zu Beginn, etwas ungelenk aussehen.

Andererseits besagt die Forschung ganz klar, dass wir eine neue Angewohnheit eher beibehalten, wenn wir sie ansprechend gestalten. Wenn du dein Skizzenbuch also richtig gern magst, kann das einen großen Unterschied machen! Idealerweise findest du also eines, das du gern benutzt, das aber nicht so kostbar oder teuer ist, dass du dich kaum traust, etwas hineinzuzeichnen – aus Angst, es zu ruinieren. Mir wurde vor sieben Jahren mal ein richtig schickes, handgemachtes Skizzenbuch geschenkt und ich habe bis heute nicht gewagt, es zu verwenden!

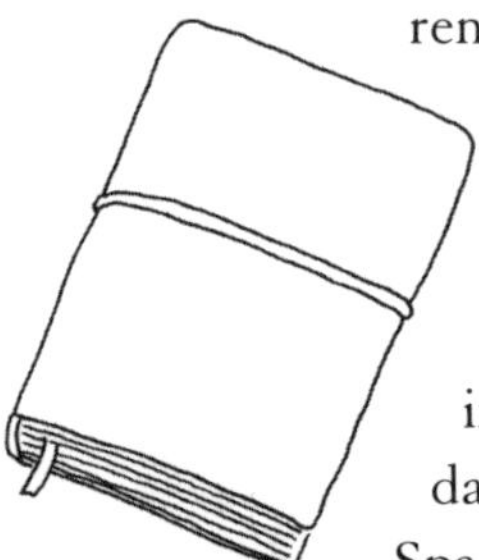

Denk auch daran, dass du dein Skizzenbuch im Freien benutzt. Nimm also eines, das klein genug ist, um dich auf deinen Spaziergängen zu begleiten, und robust genug, um auch mal die Landung in einer schlammigen Pfütze oder in feuchtem Gras auszuhalten.

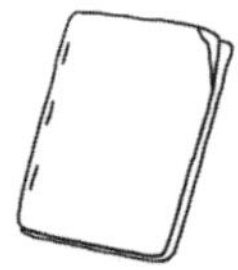

Ich liebe Skizzenbücher in leuchtenden Farben. Das liegt zum einen daran, dass ich Farben mag. Ich greife aber auch eher nach

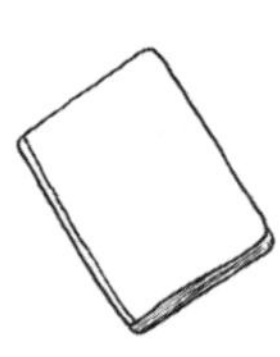

einem farbigen Skizzenbuch als nach einem schwarzen, weil das in meinem Chaos viel eher verloren gehen würde. Auch die Textur des Papiers ist wichtig, aber genauso sehr achte ich darauf, wie das Skizzenbuch in meiner Hand liegt: nicht zu leicht, nicht zu schwer. Mir ist auch aufgefallen, dass sich manche Skizzenbücher haptisch besser anfühlen als andere. Du musst einfach ein bisschen herumexperimentieren! Es braucht etwas Zeit, dein Lieblingsskizzenbuch zu finden. Aber wenn du erst einmal eines hast, das du am liebsten gar nicht mehr aus der Hand legen magst, dann wird dir das regelmäßige Zeichnen viel leichter fallen.

MACH DIR EINEN SPASS DRAUS

Wenn dein neues Hobby zu einer echten Gewohnheit werden soll, sollte es sofort eine Belohnung geben. Zum Glück ist das beim Greensketching kein Problem. Die Kombination aus frischer Luft, Freude-Entdecken, achtsamer Konzentration, Entspannung und Kreativität ist toll, besonders, wenn es keine Regeln gibt und du auf deine eigene Weise zeichnen darfst, für dein eigenes Wohlbefinden.

Um noch mehr Spaß am Greensketching zu haben, lohnt es sich auch, so lange mit verschiedenen Kunstmaterialien zu herumzuspielen, bis du deine Lieblingsvariante gefunden hast. Ich freue mich immer noch wie ein Kind, wenn ich Flüssigkeit zur wasserlöslichen Buntstiftfarbe hinzugebe. Andere hingegen lieben es, Pastellfarben zu vermischen, oder empfinden eine meditative Ruhe beim Schattieren mit sorgfältigen Kreuzschraffuren.

Du kannst die Freude am Zeichnen intensivieren, indem du an ungewöhnlichen Orten oder bei speziellen Wetterverhältnissen Skizzen machst. Versuch mal, auf einem Berggipfel zu zeichnen, bei starkem Wind, im Sand, umgeben von Tieren oder bei strömendem Regen. Das sind sicher keine alltäglichen Zeichensessions, aber du wirst sie nie vergessen! Diese Erinnerungen helfen dabei, das Zeichnen und die Freude in deinem Gehirn fest miteinander zu verdrahten.

Wenn du den Belohnungsmechanismus in deinem Gehirn wirklich »hacken« willst, dann mach dir doch mal direkt nach einer Kritzelsession eine Freude! Gönn dir ein paar Dehnübungen oder iss einen kleinen Snack. Ich liebe nichts mehr, als einen langen Kritzelspaziergang zu machen und gleich danach in meinem Lieblingscafé in Kaffee und Kuchen zu schwelgen.

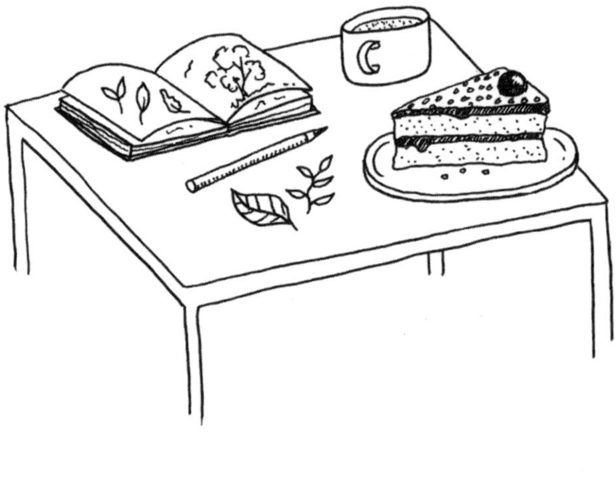

MACH ES DIR BEQUEM

Es ist nicht nur wichtig, dass das Skizzenbuch dir gut in der Hand liegt. Sorg auch dafür, dass du auf deinem Sketching-abenteuer das passende Schuhwerk und praktische Kleidung trägst. Wenn du nur für eine schnelle Kritzelei hinausgehst, musst du dir natürlich keine Gedanken darüber machen. Aber wenn du das Greensketching mit klirrender Kälte, Nässe und großer Ungemütlichkeit assoziierst, wird daraus wohl nicht deine neue Lieblingsbeschäftigung werden. Auf die praktischen Aspekte gehe ich im nächsten Kapitel noch genauer ein, aber wenn du zu einem großen Abenteuer aufbrichst, vergiss nicht, jemandem zu sagen, wohin du gehst – und halte dich nur an Orten auf, an denen du dich gut und sicher fühlst. Snacks und Getränke wecken die Zeichengeister und motivieren dich vielleicht dazu, länger draußen zu bleiben.

MACH ES OFT

Je öfter du zeichnest, desto leichter fällt es dir und desto wahrscheinlicher ist es, dass du dranbleibst. Beim Entwickeln einer neuen Angewohnheit haben Wiederholungen eine zentrale Funktion und Greensketching macht da keine Ausnahme. Deswegen empfehle ich, häufig kleine Zeichnungen zu machen. Jeden Tag ein bisschen zu zeichnen, fällt den meisten Menschen leichter, als sich nach einer Pause wieder aufraffen und motivieren zu müssen. Mach dir aber keinen Kopf, wenn dich dieser Vorschlag nicht anspricht. Wir sind alle verschieden, und wenn du lieber etwas Abstand zwischen den einzelnen Zeichensessions brauchst – auch gut. Ich zeichne an den meisten Tagen, aber auch nicht an jedem. Und sobald ich mich zu einer täglichen Zeichenchallenge anmelde, egal ob ich sie selbst initiiert habe oder nicht, entwickle ich sofort einen Widerwillen. Zeichne also, sooft du kannst, aber erzwing es nicht! Du wirst nicht immer Lust darauf haben, aber versuch, wenigstens einmal pro Tag nach Stift und Skizzenbuch zu greifen. Allein diese kleine Handlung hilft dir, die Angewohnheit am Leben zu erhalten.

MACH ES, WENN DU …

Wenn man eine neue Beschäftigung in seinen Alltag integrieren will, muss man an sie denken. Das ist nicht immer einfach!

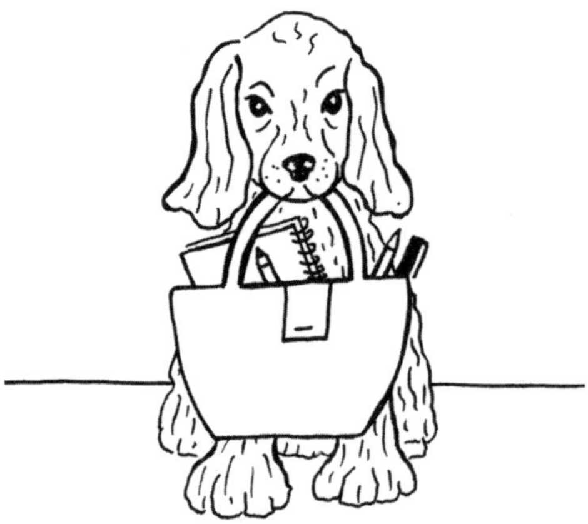

Ein Trick ist, die neue Tätigkeit mit einer anderen, bereits etablierten Angewohnheit zu verknüpfen – manche machen ihre Gymnastik zum Beispiel beim Zähneputzen oder Teekochen. Dieses Konzept nennt sich »Gewohnheitsstapelung« und wird von vielen Verhaltensexperten empfohlen. Wenn dir die Idee gefällt, versuch doch mal beim Gassigehen mit dem Hund zu kritzeln oder auch auf dem Heimweg von der Arbeit. Oder du packst dein Zeichenbuch direkt zu deinen Sandwiches und machst in der Mittagspause eine schnelle Kritzelei? Wie wäre es außerdem mit einer neuen Familientradition: Greensketching während des gemeinsamen Wochenendspaziergangs! Wofür auch immer du dich entscheidest, verbinde das Zeichnen mit einer anderen Routine in deinem Leben, dann wird es dir leichter fallen, auch aus dem Greensketching eine Routine zu machen.

SUCH DIR GLEICHGESINNTE

Normalerweise ist Greensketching eine Tätigkeit, die du für dich allein ausübst. Aber das muss nicht immer der Fall sein. Studien belegen, dass es zur Aufrechterhaltung einer Angewohnheit hilfreich sein kann, sich mit anderen Leuten zusammenzutun. Warum triffst du dich nicht mit einem Freund oder einer Freundin zu einem gemeinsamen Greensketching-Spaziergang? Oder du veranstaltest mit deiner Familie eine Zeichensession im Garten oder im Park – auch eine Farbschatzsuche kann richtig Spaß machen! Du könntest sogar eine Greensketching-Gruppe in deiner Community ins Leben rufen …

Wenn du mit anderen zeichnest, sorg dafür, dass jeder weiß, dass es beim Greensketching um Freude, Beobachtung und die Verbindung zur Natur geht – und nicht um das Erschaffen toller Kunstwerke oder gar um Angeberei. Zeig den anderen das Greensketching-Manifest aus Kapitel 4 und erklär ihnen, dass niemand seine Kritzeleien herzeigen muss.

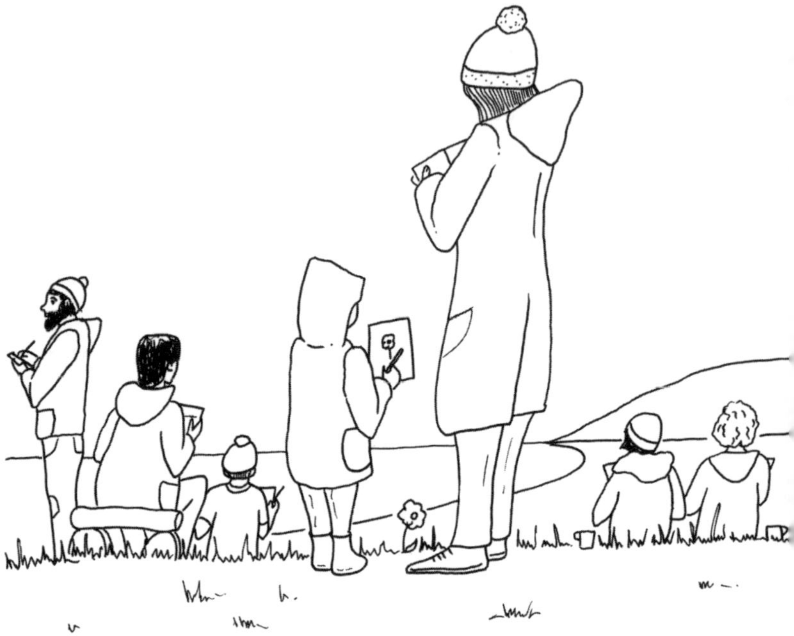

Wenn du lieber allein zeichnest, ist das auch in Ordnung! Für mich ist das Greensketching die perfekte Möglichkeit, Ruhe und Frieden zu finden. Wenn andere Leute dabei sind, ist es einfach nicht ganz dasselbe. Je mehr du zeichnest, desto besser weißt du, ob du dabei gern Gesellschaft hast oder nicht. Außerdem muss eine Person nicht physisch anwesend sein, damit du dich ihr verbunden fühlst; du kannst auch etwas zeichnen, das dich an einen geliebten Menschen erinnert, und ihm danach davon erzählen. Oder jenen, die nicht länger bei dir sind, aber einen Platz in deinem Herzen haben, eine Zeichnung widmen.

GEH NICHT DAVON AUS, DASS ES SCHWIERIG WIRD

Selbst wenn wir eine neue Aktivität mit den besten Absichten aufnehmen, bleibt oft ein nagender Zweifel zurück: Werden wir es schaffen, dranzubleiben? Das liegt daran, dass unser Gehirn all die Momente unseres Scheiterns abgespeichert hat – viel intensiver als unsere Erfolge. Es ist nicht immer leicht, eine neue Angewohnheit zu etablieren, aber das bedeutet auch nicht, dass es zwangsläufig schwierig sein muss!

Ich begann mit dem Zeichnen, als mein Sohn ein von Koliken geplagtes Frühchen und ich isoliert und erschöpft war. Nicht gerade der optimale Zeitpunkt für eine neue Angewohnheit und dennoch kam es mir nie anstrengend vor (im Gegensatz zu allem anderen damals!), weil mir das Zeichnen sofort guttat. Wenn du zu Selbstzweifeln neigst und »Das könnte ich nie!« denkst, nimm dir einen Moment, um über all die Angewohnheiten nachzudenken, die du im Laufe deines Lebens abrupt abgelegt oder aufgenommen hast. So hältst du dir vor Augen, dass Veränderung stets möglich ist – und zwar auch zum Guten.

ÜBERLEG DIR ZWEIMAL, OB DU DEINE KRITZELEIEN ONLINE ZEIGST!

Auf Instagram tummelt sich eine tolle und vielfältige Zeichencommunity, die dort auch die Liebe zum Zeichnen zelebriert. Es kann verlockend sein, sich sofort anzuschließen und die eigenen Skizzen zu zeigen, aber sei bitte vorsichtig! Tatsächlich ist es wichtig, sich selbst und die eigene Beziehung zu Social Media zu kennen, ehe man sich hineinstürzt. Die Online-Zeichencommunity kann eine wunderbare Quelle der Unterstützung und Inspiration sein, wenn man sich mit Bedacht in ihr bewegt. Sie wird dich dazu animieren, hinauszugehen und zu kritzeln. Dennoch kann sich die Inspiration schnell in eine Informationsflut verwandeln! Wenn konstant tolle Zeichnungen aus aller Welt auf einen einprasseln, kann das überfordernd sein. Viele Menschen (auch ich) nutzen Social Media als Marketingtool für ihre Arbeit. Wir kuratieren unsere Feeds und posten nur »instawürdige« Highlights, nicht die unvollständigen, unperfekten Kritzeleien, die sich zuhauf in unseren Skizzenbüchern finden. Trotz bester Absichten kann es also passieren, dass wir die Social-Media-Maschine immer weiter füttern und unbewusst dafür sorgen, dass sich andere Leute ziemlich mies und ungenügend fühlen.

Dennoch kann es dein Leben bereichern, Teil einer Online-Community zu sein. Besonders, wenn in deinem Umfeld sonst niemand dein Interesse an der Natur oder am Zeichnen teilt. Das Dilemma ist, dass die Online-Communitys dich dazu motivieren, mehr Zeit vor dem Bildschirm zu verbringen. Behalte das im Hinterkopf! Denn schließlich geht es beim Greensketching darum, hinauszugehen und die Natur zu betrachten, nicht dein Smartphone!

Ich bin immer noch dabei, die perfekte Balance zu finden. Im Moment funktioniert es für mich am besten, wenn ich regelmäßig digitale Pausen einlege, nicht jeden Tag etwas poste und zwischen Fotos meiner Zeichnungen und Bildern von meinen Zeichenabenteuern variiere. Wenn du dich selbst bei einem Gedanken wie »Das wäre eine tolle Skizze für Instagram!« ertappst, dann halt inne und überleg dir ehrlich, warum du das Bild posten willst. Geht es dir vielleicht doch um Anerkennung? Oder um persönliche Kontakte? Natürlich können online echte Verbindungen entstehen, aber das sollte beim Greensketching nicht im Zentrum stehen. Das tust du für dich, für niemanden sonst. Also sorg bitte dafür, dass du eine Greensketching- und nicht eine Social-Media-Gewohnheit entwickelst.

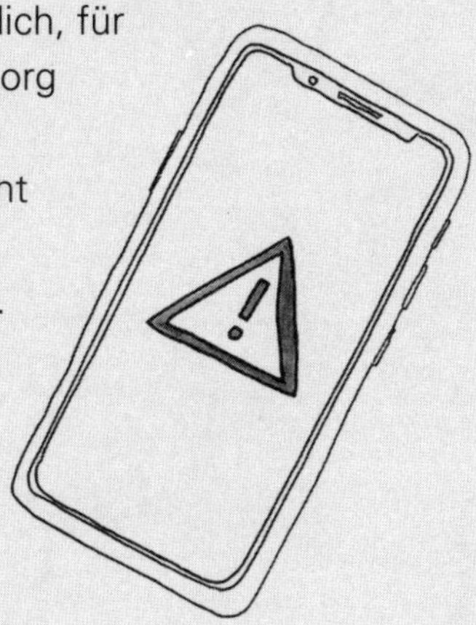

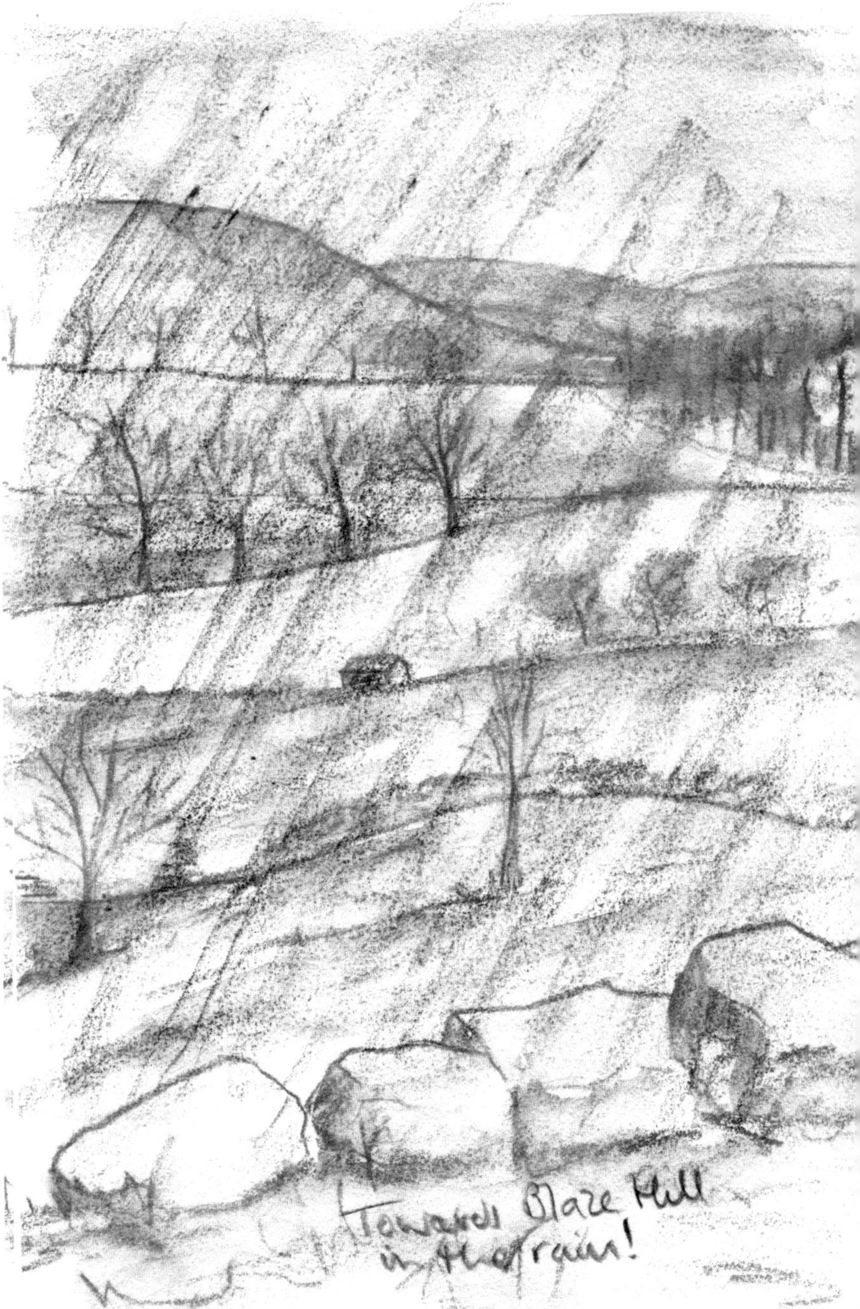
Towards Blaze Hill
in the rain!

KAPITEL 11

FINDE FREUDE, WO AUCH IMMER DU BIST

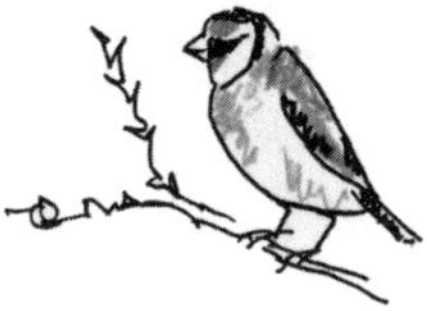

Freude aufzuspüren ist überhaupt nicht schwer. Wir sind von ihr umgeben.

Ingrid Fetell Lee, *Joyful*

Bis jetzt bin ich davon ausgegangen, dass es dir leichtfällt, für eine schnelle Kritzelei hinauszugehen. Aber es kann natürlich sein, dass dem nicht so ist! Vielleicht ist deine Mobilität eingeschränkt, du musst nachts arbeiten oder bist von einer Betonwüste umgeben. Möglicherweise geht es dir nicht gut, du bist erschöpft oder ans Haus gefesselt. Vielleicht hält dich tagsüber ein Kleinkind auf Trab oder du lebst an einem Ort, an dem es ununterbrochen zu regnen scheint. Greensketching ist nicht immer einfach, aber ich verspreche dir, dass es immer möglich ist.

Bei jedem von uns gibt es – theoretisch – Zeiten, in denen wir die Natur genießen können. Bei langen Spaziergängen, Campingtrips, einem Urlaub am Meer oder anderen großen Abenteuern. Kostbare, aber oft eher seltene Momente. Wer auf dem Land lebt und von Natur umgeben ist, hat es da etwas einfacher. Aber praktisch gibt es eine Vielzahl von ganz individuellen Gründen, warum wir doch nicht nach draußen gehen.

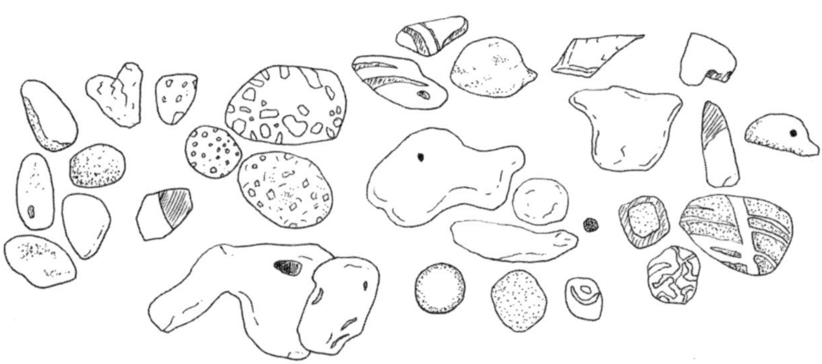

Wie auch immer deine persönlichen Lebensumstände sind: Hier kommen ein paar praktische Tipps, die dir helfen, Freude zu finden und mit der Natur in Verbindung zu treten. Ganz egal wo du bist und wie das Wetter ist!

Halte Ausschau nach Spuren der Natur

Es kann hart sein, in der Stadt festzusitzen, wenn du dich nach Grünflächen und einer Portion Frischluft sehnst. Städtische Parks, Kanäle und Flüsse können Oasen der Ruhe sein, aber was, wenn in deiner Nähe keine sind? Fordere dich selbst heraus und versuch, Spuren der Natur zu entdecken. Die unverwüstliche Blume, die zwischen den Pflastersteinen emporwächst. Der Marienkäfer, der einen Grashalm hinaufkrabbelt. Das eigenartige Moos, das in den Mauerritzen sprießt. Welche winzigen Freuden entdeckst du, die sonst niemandem auffallen?

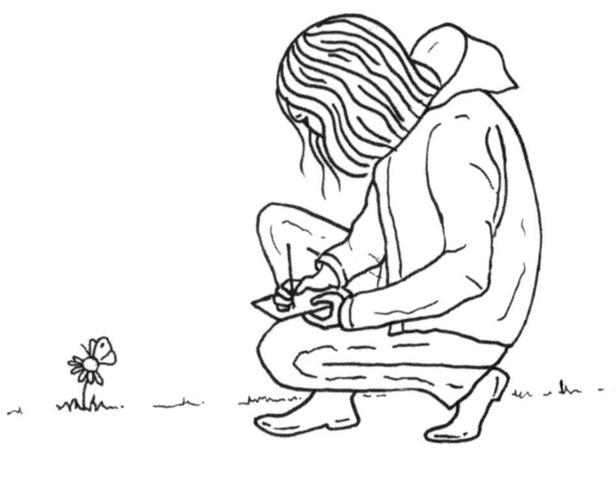

Im Wandel der Jahreszeiten

Wenn es an deinem Wohnort an Natur mangelt, dann konzentrier dich stattdessen auf das Wunder der Jahreszeiten. Such dir eine Pflanze oder einen Baum, egal wie bescheiden, die oder der den Übergang von einer Jahreszeit zur nächsten durchläuft. Zeichne dein Motiv über das Jahr hinweg immer wieder: seine Gesamtform, aber auch Details wie seine Blätter, Zweige, Früchte, Blüten und seine Rinde. Achte darauf, wie unterschiedlich dein Motiv je nach Licht und Wetter aussieht und wie es sich im Laufe des Jahres verändert. So kannst du das bisschen Natur in deiner Umgebung intensiv erleben.

Baumsuche statt Schaufensterbummel

Selbst in einem Stadtzentrum ist der nächste Baum nie weit entfernt. Trotzdem sind wir oft so beschäftigt damit, von A nach B zu gelangen, dass die Bäume uns kaum auffallen. Wie groß sind sie? Wie sind sie verteilt? Wie weit reicht ihre Krone über den Gehweg und die Straße? Wenn du das nächste Mal durch die Stadt schlenderst und einen Schaufensterbummel machst, dann ändere doch mal deinen Fokus und zeichne einen Baum! Du wirst wahrscheinlich überrascht sein, wie viele du entdeckst.

Natur muss nicht immer wild und ungezähmt sein

Schau dir die Beete der Stadtverwaltung, die Blumenkästen deines Nachbarn, die Auslage des Blumenladens, den eingetopften Baum im Hotelfoyer oder die Blumen auf deinem Restauranttisch an oder verbring ein paar Stunden im nächstgelegenen Zoo. Zeichne die Natur, wo du sie finden kannst – sie wird nicht immer wild und frei in Erscheinung treten.

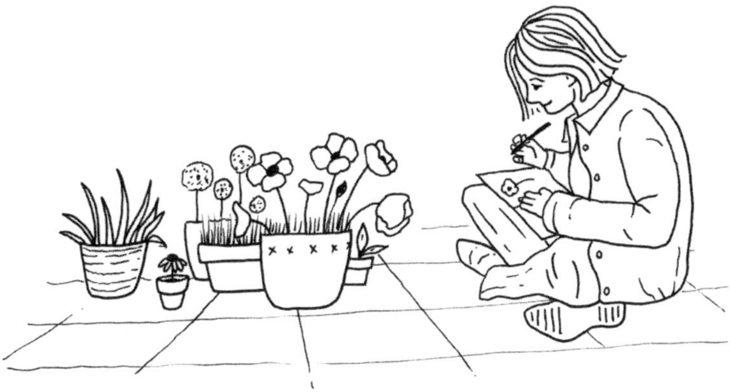

Schau nach oben!

Spiel doch mal Hanns Guck-in-die-Luft! Der Himmel ist eine tolle Quelle für Freudensucher, besonders wenn es unten an Natur mangelt. Er ist immer da und er ist immer frei. Du kannst Wattewolken kritzeln, stürmische Himmel, atemberaubende Sonnenuntergänge, magische Regenbögen, sternenklare Nächte oder unseren hübschen Mond.

Gefiederte Freunde

Halt nach den Vögeln Ausschau, die oben auf den Schornsteinen, den Antennen, Zäunen und Bäumen hocken. In diesen Momenten kannst du sie besonders leicht zeichnen, weil sie relativ stillhalten und du sie einfach als Silhouette skizzieren kannst. Wenn du Vögel lieber detaillierter zeichnen möchtest, könntest du auch in den nächsten Park gehen und dir dort die Tauben und Enten vornehmen. Eine schnelle Skizze wird deinen Blick auf diese »normalen« Vögel für immer verändern.

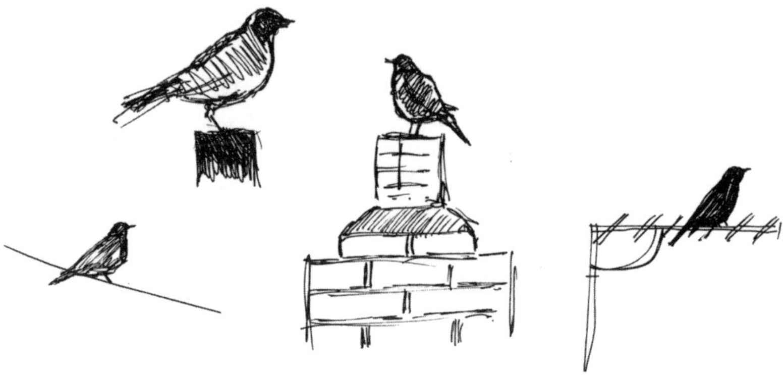

Reisekritzeleien

Greensketching ist auch auf Reisen eine Bereicherung, weil du durch das Zeichnen alles langsamer angehst und die Natur so noch mehr genießen kannst. Zeichne einfach, was dir ins Auge sticht und Freude in dir auslöst. Das könnte ein ikonischer Blick oder einfach eine Begegnung mit einem Spatz sein. Sorg dich nicht, wenn deine Skizzen deinen Motiven nicht gerecht werden, und denk daran, dass du lebendige Erinnerungen erzeugst, keine schicken Kunstwerke. Ein Skizzenbuch voller chaotischer, unvollständiger Skizzen ist viel besser als ein makellos illustriertes Reisejournal, das du beiseitelegen wirst, wenn dir die Zeit (oder die Motivation) ausgeht.

WENN DU KEIN ZEICHENMATERIAL ZUR HAND HAST

Was machst du, wenn du gern etwas zeichnen würdest, aber gerade keinen Bleistift zur Hand hast? Oder wenn du Farbe zu deiner Kritzelei hinzufügen willst, dir aber kein neues Material leisten kannst? Oder du zwar ein kleines Farbset mit auf den Spaziergang genommen, dafür aber das Wasser vergessen hast? Ganz einfach: Du improvisierst!

Skizzen müssen nicht auf Papier gezeichnet werden und es braucht dafür auch keinen Stift, Bleistift oder Pinsel. Sie müssen nicht hübsch oder von Dauer sein. Ich habe schon mit Erde, Heidelbeersaft oder einem festen Grashalm gezeichnet. Ich habe auf trockene Blätter und Kiesel gekritzelt, in nassen Sand und Schnee. Ich habe Pfützenwasser oder glitzernde Tautropfen verwendet, um meine Pinsel anzufeuchten. Ich habe Farbkleckse aus zerriebenen Blüten und Blättern hinzugefügt. Mit natürlichen Ersatzmitteln herumzuexperimentieren macht Spaß, ist kreativ und befreiend. Es hilft dir, dich auf ganz direkte Weise mit der Natur zu verbinden, und sorgt dafür, dass du deine Skizzen nicht zu ernst nimmst (schließlich kannst du am Ende immer dem Material die Schuld geben!)

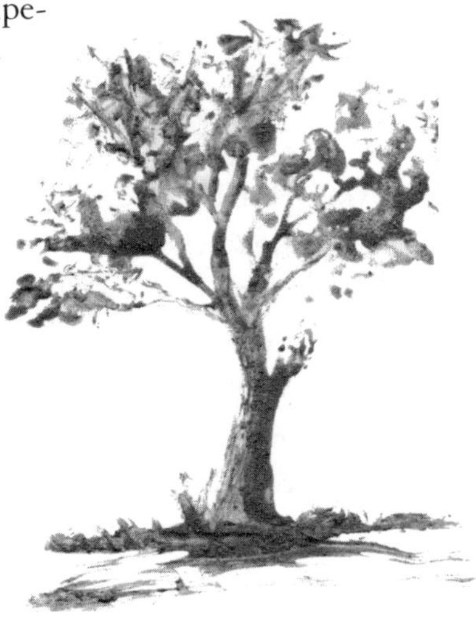

DER UMGANG MIT EINSCHRÄNKUNGEN

Ich empfehle immer, das Greensketching möglichst mit einem Spaziergang zu kombinieren, um so die Vorteile der frischen Luft, der Bewegung und der multisensorischen Wahrnehmung voll auszuschöpfen. Aber auch, wenn du mit körperlichen oder psychischen Einschränkungen leben musst und dich nicht weit hinauswagen kannst, ist Greensketching möglich. Skizziere den Blick aus deinem Küchenfenster oder auch den aus deinem Auto. Die Natur durch eine Scheibe zu betrachten tut auch gut! Wenn du nicht hinausgehen kannst, hol die Natur zu dir hinein. Kritzle deine Topfpflanzen oder die Blumen in der Vase. Bitte deine Freunde und deine Familie, auf ihren Spaziergängen in der Natur kleine Fundstücke für dich zu sammeln, wie zum Beispiel Kieselsteine oder Tannenzapfen, vom Wind zerzaustes Moos, Zweige, Blumen oder Blätter. Finde deinen eigenen Weg zum Zeichnen, für dein eigenes Wohlbefinden.

GREENSKETCHING GEHT IMMER, EGAL BEI WELCHEM WETTER!

Am liebsten widme ich mich dem Greensketching bei 23 Grad und einem blauen, mit ein paar Schäfchenwolken verzierten Himmel. Dazu noch eine sanfte Brise … Leider sind solche perfekten Zeichentage hier im Nordwesten Englands höchst selten. Ich habe aber gelernt, dass ich bei fast jedem Wetter zeichnen kann, solange ich mit der richtigen Kleidung, dem passenden Material und der passenden Einstellung ausgerüstet bin.

Es ist einfach, sich zu sträuben und über das »schlechte« Wetter zu beschweren. Aber es gibt nur wenige Dinge, die uns so direkt und sinnlich mit der Natur oder dem Moment verbinden wie das Draußensein. Schließlich ist es ziemlich schwer, während eines Wolkenbruchs in Grübeleien zu versinken, oder? Oft verhält es sich so: Je schlechter die Wetterbedingungen sind, desto weniger kritisch bist du in Bezug auf deine Skizzen. Also, geh hinaus und zeichne, egal wie das Wetter ist!

Wenn es kalt ist

Konzentrier dich auf schnelles Zeichnen. Versuch, die Essenz einer Landschaft oder eines anderen Motivs in raschen, gestischen Skizzen einzufangen, bei denen du ein Minimum an Linien verwendest. Dicke Malkreiden, Pastellkreiden, Zeichenkohle oder Grafitkreiden lassen sich im Zweifelsfall leichter halten, wenn deine Finger richtig kalt sind. Wasserfarben und wasserlösliche Buntstifte werden länger brauchen, um zu trocknen. Außerdem kühlst du wirklich schnell aus, wenn du beim Zeichnen stillstehst – also zieh dich extrawarm an! Meine unverzichtbaren Begleiter bei Kälte sind fingerlose Handschuhe und heißer Ingwertee.

Wenn es regnet

Nasses Wetter eignet sich perfekt, um halbabstrakte Landschaften und stürmische Himmel zu zeichnen. Ich liebe es, wasserlösliche Buntstifte auf leicht feuchtem Papier zu benutzen. Du brauchst nicht einmal ein ganzes Set, sondern kannst sie einzeln kaufen. Halte deine Kritzeleien schnell und skizzenhaft (ehe es sie wegspült!) und vermeide nach

Möglichkeit, dass dein Skizzenbuch hinterher vollkommen durchnässt ist. Wenn du regelmäßig im Regen zeichnest, macht dir vielleicht ein wasserfestes Skizzenbuch Freude, auch wenn das nicht zwingend nötig ist.

Wenn es heiß und sonnig ist

Nutz das Wetter aus, um dich auf Farben und Schatten zu konzentrieren. Vielleicht willst du auch länger draußen bleiben und dir bei einer detaillierten Zeichnung mehr Zeit lassen. Heiß und sonnig ist das ideale Wetter, um mit Wasserfarben herumzuspielen, weil sie schnell trocknen. Aber Vorsicht: Beim Zeichnen ist man rasch so sehr in die Skizze vertieft, dass man leicht das Zeitgefühl verliert. Wenn du also wie ich in der Hitze schnell schlapp wirst, vergiss nicht, einen Hut, Sonnencreme und Wasser mitzunehmen und dich möglichst in den Schatten zu setzen.

Wenn es windig ist

Windiges Wetter verträgt sich nicht gut mit kleinen, sorgfältigen Skizzen. Konzentrier dich stattdessen auf schnelle, gestische Zeichnungen, die die Energie und die Bewegung in der Landschaft einfangen: tanzendes Gras, sich biegende Bäume, brechende Wellen, wirbelnde Blätter. Eine Papierklemme oder ein elastisches Band helfen, die flatternden Blätter deines Skizzenbuchs zu sichern. Wenn du langes oder schwer zu bändigendes Haar hast, steck es unter einen Hut oder ein Stirnband.

Wenn es trüb, neblig und grau ist

So verlockend es auch sein mag, auf Sonne zu warten: Lass dich auch an grimmigen, grauen Tagen nicht vom Zeichnen abhalten! Nebliges Wetter eignet sich perfekt für monochrome Zeichnungen oder Bilder. Der Nebel löst die Details und Farben auf und hilft dir, dich auf die dominierenden Formen und Werte zu konzentrieren. Solche Tage sind auch perfekt geeignet, um sich an ein paar »Nahaufnahmen« heranzuwagen und komplizierte Skizzen von Pflanzen und Blumen zu machen. Die können dir nämlich die ersehnte Farbe liefern – und eine willkommene Ablenkung vom trüben Wetter.

ZEICHNE, WENN ES DIR NICHT GUT GEHT

Wenn du wie ich an einer chronischen Erkrankung leidest, dann weißt du, wie sehr das Energielevel schwanken kann. Manche Tage sind besser, manche schlechter. Oft lässt es sich schwer vorhersagen, ob ich mich topfit fühlen oder nur mit Mühe durch den Tag kommen werde. Greensketching hat mir wirklich geholfen, mit meiner Endometriose umzugehen; es hat mich zum Hinausgehen motiviert und mein Stresslevel reduziert, das früher meine Symptome noch verstärkt hat. Aber ich neige aufgrund einer alten Rugby-Verletzung an meinem Nacken auch zu Migräne und es gibt viele Tage, an denen es mir unmöglich ist, mich auf etwas zu konzentrieren.

Gesund oder krank

Achte darauf, wie du dich fühlst, und passe dein Zeichenmotiv entsprechend an. Manchmal kann es eine willkommene Ablenkung von Schmerz und Sorge sein, etwas Kompliziertes wie ein Farnblatt oder eine Blüte zu zeichnen. Wenn dir hingegen übel ist oder du Kopfschmerzen hast, tun dir solche Motive vermutlich nicht gut. Aber ein sanfter Spaziergang, auf dem du mit einem Skizzenbuch in der Hand nach kleinen Freuden Ausschau hältst, wird dich fast immer aufmuntern und versorgt dich außerdem mit frischer Luft.

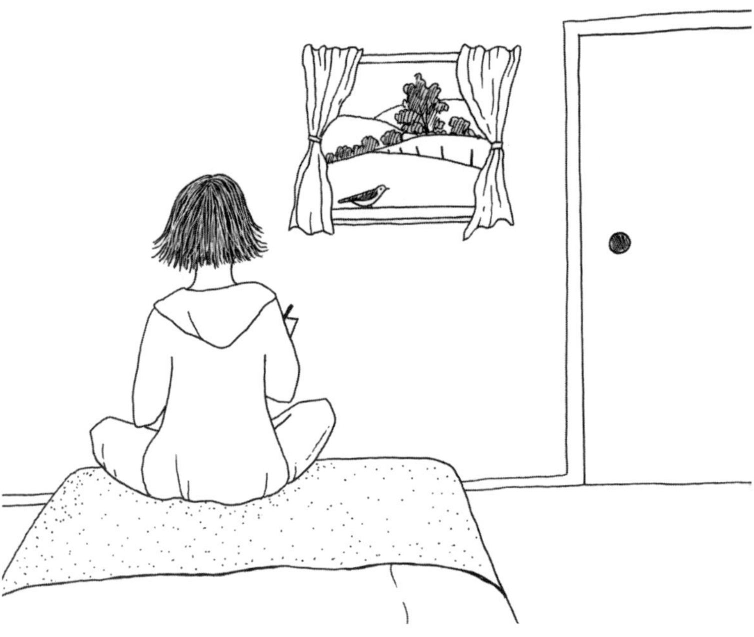

Es gibt Zeiten, da fühlen wir uns aufgrund unserer chronischen Erkrankungen gefangen und leben »kleinere« Leben, als wir wollen. Das sind die Momente, in denen du in der Nähe deines Zuhauses nach Wundern suchen und sie zeichnen solltest, um dir in Erinnerung zu rufen, dass es in deinem Leben immer kleine Freuden gibt, wenn du nach ihnen suchst. Wenn du müde und niedergeschlagen bist, sind Farbmuster ein effektiver Weg ohne große Kraftanstrengung, um in Verbindung mit der Natur zu treten. Es kann auch kathartisch sein, die Muster der Natur zu zeichnen; man muss genau hinschauen, aber es besteht kein Druck, irgendetwas Wiedererkennbares zu skizzieren. Ich weiß, dass es nicht immer leicht ist. Es wird Tage geben, an denen du rein gar nichts zeichnen möchtest. Und das ist okay. Versuch rauszugehen und die Natur einfach nur zu betrachten, wenn du kannst.

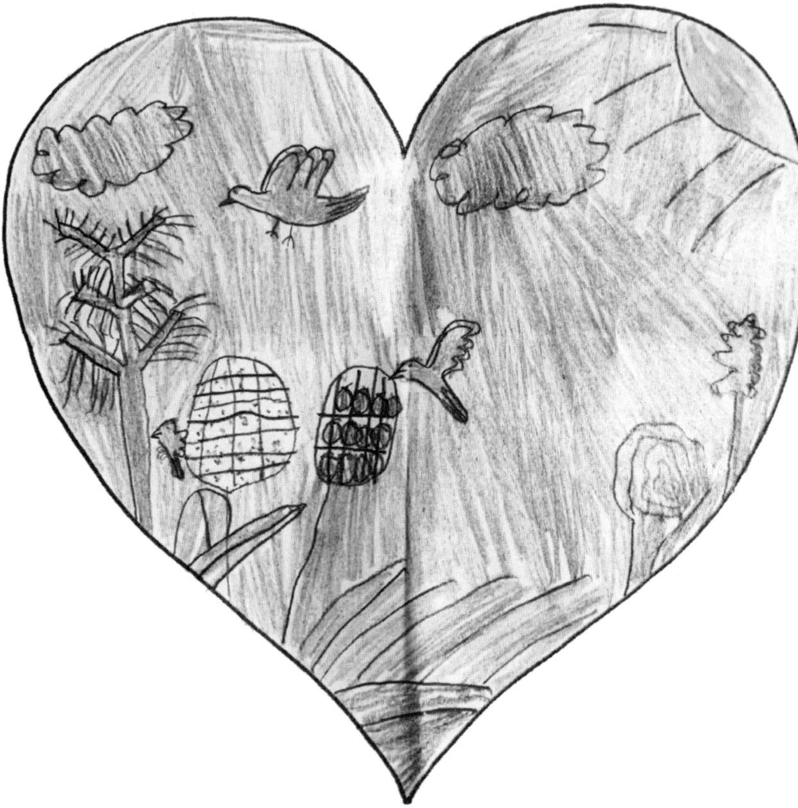

KAPITEL 12

SCHENKE DEINEN KINDERN EINE SUPERKRAFT!

Ich sehe was, was du nicht siehst …

Kinderspiel

Kinder jeden Alters brauchen Hilfe, um sich zu entspannen und mit der Natur in Verbindung zu treten. Das wurde durch die Corona-Pandemie noch deutlicher – und dringlicher. Deswegen soll das letzte Kapitel dir dabei helfen, die Kinder in deinem Leben zum Greensketching zu ermutigen. Geben wir ihnen einen Gegenpol zu ihrem durchgetakteten und oft bildschirmfixierten Leben. Geben wir ihnen ein Werkzeug, das ihre Resilienz stärkt und ihre Beziehung zur Natur festigt. Eine Beziehung, die sie für immer prägen wird.

Ein Großteil der Ratschläge dieses Kapitels richtet sich an jüngere Kinder, aber ein paar Tipps, zum Beispiel die zum Thema Feedback, sind für Kinder jeden Alters relevant. Wenn deine Kinder älter sind, kannst du ihnen auch ein eigenes Exemplar dieses Buchs schenken oder gemeinsam mit ihnen ein paar Zeichenübungen aus dem zweiten Teil ausprobieren.

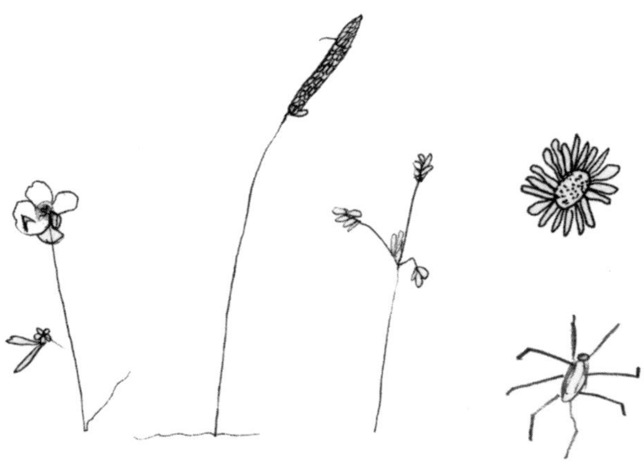

INSPIRIERE SIE ZUM KRITZELN

Jeder kann ein Kind zum Zeichnen von Natur inspirieren, dafür muss man weder ein Kreativer noch eine angehende Kunstlehrerin sein! Du musst nur ihren Enthusiasmus wecken! Finde einen Weg, deine Freude mit ihnen zu teilen, und zeig ihnen, was alles möglich ist:

Geht gemeinsam auf Freudensuche

Man unterschätzt leicht, was für eine Wirkung es hat, gemeinsam mit Kindern draußen unterwegs zu sein und sie auf Dinge hinzuweisen, die einem ins Auge stechen. Das mag im ersten Moment trivial erscheinen. Aber indem du deine Wahrnehmung mit ihnen teilst, öffnest du ihren Blick für die Schönheit und Wunder der Natur. Wenn du selbst bereits mit dem Greensketching begonnen hast, hast du sicher auch schon angefangen, deine Freude an der Natur mit anderen zu teilen. Es geht gar nicht anders.

Gemeinsam draußen zu sein macht meine Fantasie bunter.
(Jeremy, 7)

Sei ein Kritzelvorbild

Unsere Kinder machen das nach, was wir *tun,* nicht das, was wir sagen. Lass sie also beim Greensketching zuschauen und schildere ihnen, wie es dir dabei geht. Schon bald werden sie Kritzeln mit Selbstfürsorge verbinden, nicht mit Kunstwerken. Vermeide konkrete Anleitungen und erlaube ihnen stattdessen, ihre eigene Art des Zeichnens zu entdecken. Gleichzeitig ist es wichtig, deine eigenen Versuche nicht vor ihnen abzuwerten. Wenn deine Kinder hören, wie du etwas sagst wie: »Ich bin echt schlecht im Zeichnen!«, werden sie glauben, dass Kritzeleien gut aussehen müssen, um etwas wert zu sein. Und werden ihre eigenen Skizzen schon bald ebenso harsch verurteilen.

Mach ihnen das Kritzeln leicht

Gib deinen Kindern so viele Gelegenheiten zum Kritzeln wie möglich. Es hilft, wenn Zeichenmaterial immer zur Verfügung steht und leicht zu finden ist: zum Beispiel auf dem Küchentisch oder in einer bestimmten Tasche, die stets am gleichen Ort steht. Du solltest die Zeichenausrüstung deiner Kinder jedenfalls nicht ganz hinten im Schrank bei den anderen Bastelsachen aufbewahren, die nur alle Jubeljahre verwendet werden. Gewähre älteren und vorsichtigen jüngeren Kindern beaufsichtigten Zugang zu hochwertigen Materialien, sofern du solche besitzt. So zeigst du ihnen die Bandbreite dessen, was möglich und verfügbar ist.

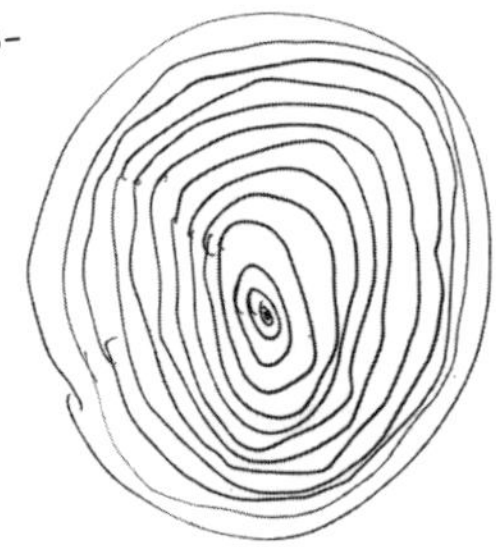

Ich sehe die Natur jetzt ganz neu, entdecke neue Farben und Muster, und das macht mir großen Spaß.
(Eva, 8)

EMPOWERE SIE ZUM KRITZELN

Wie überzeugt man ein Kind davon, *freiwillig* die Natur zu zeichnen, wo all die Bildschirme doch eine solch große Konkurrenz für seine Aufmerksamkeit darstellen? Ich schlage vor, sie nicht zu überzeugen, sondern sie zu *empowern*. Sag ihnen, dass Beobachtungsgabe eine geheime Superkraft ist, von der nur wenige Menschen wissen. Erklär ihnen, wie sie ihnen dabei helfen kann, selbstbewusst, ruhig, neugierig, freundlich und mitfühlend zu sein:

Selbstbewusst

Beobachtungsgabe ist sowohl ein echter Selbstbewusstseins-Booster als auch ein toller »Gleichmacher«. Es ist egal, wie alt man ist: Je mehr man sieht, desto mehr weiß man. Besonders für ruhigere Kinder kann das Wissen darum, bereits über ein Talent zu verfügen, das sie durch das Greensketching noch weiter ausbauen können, sehr bestärkend sein. Außerdem finden Kinder die Vorstellung super, besser beobachten zu können als die Erwachsenen. So ist es nämlich leichter, uns auszutricksen!

Ruhig

Sobald Kinder erfahren haben, wie entspannt und glücklich sie sich beim Zeichnen von Natur fühlen, kannst du sie dazu ermutigen, es gezielt als Werkzeug einzusetzen, um sich selbst zu beruhigen, wenn sie ängstlich, frustriert oder wütend sind. Vielleicht bezweifelst du, dass Kinder ihre Stimmungen selbst regulieren können, aber das geht (wenn auch nicht immer) und du kannst diese Fähigkeit stärken!

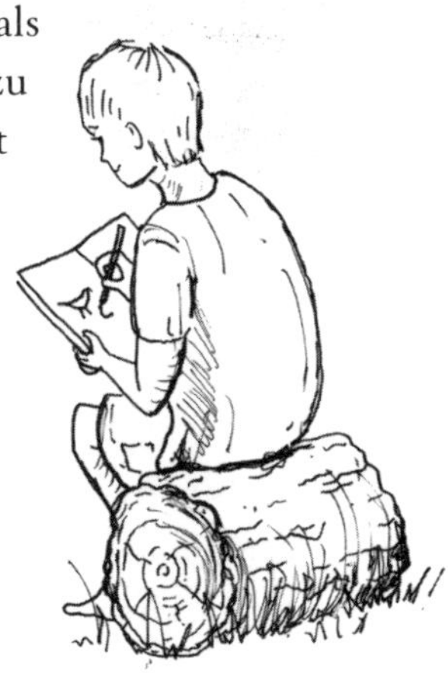

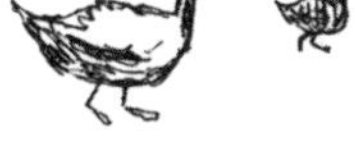

Ein achtjähriger Junge erzählte mir mal, dass er Greensketching so entspannend finde, dass er sein Skizzenbuch im Bücherregal seines kleinen Bruders aufbewahre. Als ich ihn nach dem Grund fragte, erklärte er, dass er oft wütend auf seinen kleinen Bruder sei, weil der sich immer sein Spielzeug nehme. Dann werfe *er* wiederum seine Bücher quer durch den Raum, was stets Ärger mit der Mutter bringe. Er bewahre sein Skizzenbuch also in diesem Bücherregal auf, damit er, wenn er das nächste Mal wütend werde, sein Buch sehe und dadurch daran erinnert werde, einfach hinaus in den Garten zum Kritzeln zu gehen. Kinder sind oft viel weiser, als wir denken.

Ich gehe heute ganz anders durch die Natur als früher.
(James, 10)

Neugierig

Beobachtung ist ein Katalysator für Neugier, die Quelle allen Abenteuers und der Feind der Langeweile (sie ist auch wesentlich fürs Lernen und die Entwicklung, aber das ist Kindern nicht so wichtig). Je mehr Gelegenheiten sich den Kindern bieten, die Natur ganz nach ihren eigenen Vorstellungen gründlich zu betrachten, desto mehr schönen, seltsamen und tollen Kram werden sie entdecken.

Je mehr du schaust, desto mehr siehst du
und desto mehr fragst du dich,
weshalb die Dinge existieren!

Du kannst ihre Neugier wecken, indem du sie dazu ermutigst, ihre Greensketching-Beobachtungen in Fragen umzuwandeln.

Aus »Schau! Diese Flechte ist mit kleinen roten Blumen bedeckt!« wird »Warum ist diese Flechte mit kleinen roten Blumen bedeckt? Sind es überhaupt Blumen?« Oder: Aus »Schau! Dieser Bach ist wirklich kurvig!« wird »Warum ist dieser Bach so kurvig?« Mach dir keine Gedanken um die Antworten und versuch auch nicht, das Zeichnen in eine Lektion zu verwandeln. Erst mal geht es nur darum, zu schauen und Fragen zu stellen.

Freundlich und mitfühlend

Greensketching inspiriert Kinder dazu, besser mit der Natur, ihren Freunden und mit sich selbst umzugehen. Es stärkt ihre Verbindung zur Natur und hilft ihnen, ihren Schulhof, den Garten oder ihr Umfeld mit neuen Augen zu betrachten, mehr zu genießen und wertzuschätzen. Und es erlaubt ihnen, das Gesehene so auszudrücken, wie sie es wollen – ohne Kritik oder Spott befürchten zu müssen. Sie lernen, dass wir die Welt alle auf unsere eigene Art und Weise sehen und erleben.

HILF IHNEN, MIT DEM ZEICHNEN LOSZULEGEN

Du musst den Kindern nicht beibringen, wie man zeichnet. Aber wahrscheinlich musst du sie sanft dazu anregen, der Beobachtung nach zu skizzieren. Ansonsten neigen sie eher dazu, der Vorstellung nach zu zeichnen (was auch gut ist, aber nicht Sinn und Zweck des Greensketching). Hier kommen ein paar Aktivitäten, die ihnen dabei helfen, das zu zeichnen, was sie sehen.

Freude-Entdecken

Nimm dein Kind mit in den Garten, auf den Spielplatz, in den Park oder auf ein Feld; verbringt etwas Zeit damit, gemeinsam die verschiedenen Formen und Muster der Natur zu entdecken. Ermuntere dann dein Kind dazu, die Umgebung selbst zu erforschen und nach einem kleinen Motiv zu suchen, das ihm ein Lächeln ins Gesicht zaubert. Einige Kinder brauchen keine weitere Aufforderung, um loszulegen, anderen helfen ein paar simple Anregungen.

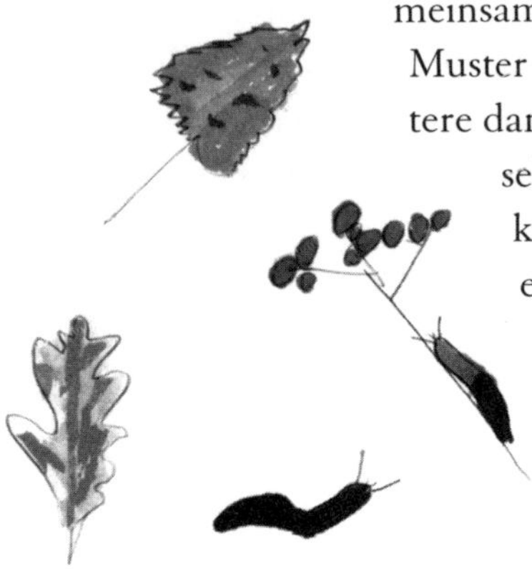

Kritzeljagd

Eine Schatzsuche oder Schnitzeljagd kommt immer gut an. Warum gibst du deinem Kind/deinen Kindern nicht eine Liste von Naturobjekten, die sie suchen und zeichnen sollen? Oder du stärkst ihre emotionale Verbindung zur Natur, indem du sie Dinge suchen und zeichnen lässt, die sie an einen Freund, einen Verwandten, ein Lieblingsspiel oder ein schönes Erlebnis erinnern. Du kannst sie auch Dinge suchen und zeichnen lassen, die Herzen oder Sternen ähneln oder ihnen Beispiele von Naturfraktalen zeigen (bei denen ein Muster sich in unterschiedlichen Größen wiederholt). Schau, ob sie selbst noch mehr finden und zeichnen.

Kritzelspaziergänge

Macht einen Spaziergang und ruft abwechselnd »Kritzelstopps« aus, wenn ihr etwas Interessantes entdeckt, das ihr zeichnen wollt. So machen Familienspaziergänge mehr Spaß und Kinder haben das Gefühl, selbst mitbestimmen zu können, wenn sie eine Pause brauchen. Die Anzahl der Kritzelstopps solltest du allerdings begrenzen, sonst kommt ihr nie nach Hause!

Kritzelkarten

Such eine einfache Karte eurer Umgebung heraus und lass die Kinder sie mit so vielen Naturskizzen oder Beobachtungen wie möglich füllen. Diese Anmerkungen können aus kleinen Details bestehen, wie zum Beispiel »die einsame Pusteblume« oder »Bob, der komische braune Fels«, oder auch aus größeren Besonderheiten wie »die Straße der blühenden Bäume« oder »blöde Stachelhecke«. Versichere ihnen, dass sie sich um Rechtschreibung oder Pflanzenbestimmung keine Gedanken machen müssen. Das ist eine lustige und kreative Art, die bekannte Umgebung mit neuen Augen zu sehen.

Und jetzt etwas Farbe dazu!

Zum Kritzeln brauchen Kinder nur einen Bleistift und Papier, und oft ist es auch unpraktisch oder zu kostspielig, ihnen mehr anzubieten. Man sollte aber nicht unterschätzen, wie sehr Kinder Farbe lieben. Je mehr Farben du ihnen zur Verfügung stellst, desto mehr Spaß wird ihnen das Kritzeln draußen machen. Einige Kinder lieben Farbmuster, andere malen lieber ihre Zeichnungen aus. Wasserlösliche Buntstifte und Malkreiden lassen sich von Kindern am leichtesten benutzen, aber du kannst ihnen auch Wasserfarben anbieten – entweder klassisch auf Paletten oder du gibst einzelne Tupfen aus Tuben auf ein Stück Karton, das sich mehrere Kinder teilen.

Es hat mir riesigen Spaß gemacht, weil es mal eine andere Art ist, draußen Zeit zu verbringen. (Sennen, 10)

Beobachtung trifft auf Vorstellungskraft

Vielleicht beginnen die Kinder der Beobachtung nach zu zeichnen und finden es dann einfacher, etwas ihrer Vorstellung nach zu skizzieren. Davon solltest du sie nicht abhalten oder sie dafür rügen. Ermutige sie stattdessen, so viele Beobachtungen wie möglich in ihre Fantasiebilder einzufügen. Zeig ihnen, dass es völlig okay ist, von Tannenzapfen inspirierte Roboter, Blumenfeen oder Superhelden-Wolken zu zeichnen.

PASS DICH IHRER ART ZU KRITZELN AN

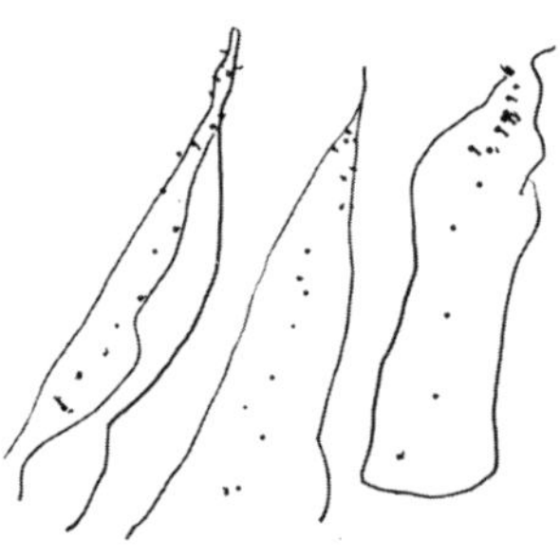

Generell solltest du nicht zu viele Regeln und Anweisungen geben, damit Kinder sich auf ihre eigene Art kreativ der Natur nähern können. Es gibt aber jede Menge Möglichkeiten, die Art des Greensketching entsprechend anzupassen, um das einzigartige Temperament deines Kindes und seine Bedürfnisse zu unterstützen.

Das nervöse Kind

Nervösen oder zögerlichen Kindern sollte man vermitteln, dass es keine richtige oder falsche Art gibt, etwas zu zeichnen. Erklär ihnen, dass manche Leute schnell und andere ganz langsam und sorgfältig skizzieren. Manche Kinder wollen, dass ihre Zeichnungen sehr realistisch aussehen; andere skizzieren einfach nur den Umriss dessen, was sie sehen. Ermutige sie zu experimentieren und schau, welche Art von Kritzelei ihnen am meisten Spaß macht.

Wenn dein Kind ständig seine »Fehler« wegradiert, dann lobe unbedingt seine Beobachtungsgabe! Dass Kinder merken, wenn etwas ein bisschen komisch aussieht, zeugt von dieser Gabe. Sorge dafür, dass dein Kind keine Angst davor hat, Fehler zu machen. Erinnere es sanft daran, dass es beim Zeichnen in der Natur um Skizzenhaftigkeit geht und nicht um exakte, sorgfältige Zeichnungen. Und, auch wenn ich mich wiederhole: Es muss nicht gut aussehen. Es ist nur eine Kritzelei!

Das perfektionistische Kind

Aus ähnlichen Gründen verbannen manche Leute gern die Radiergummis. Ich persönlich gebe Kindern lieber die Möglichkeit, sie zu benutzen, wenn sie wollen – allerdings sparsam und idealerweise erst, wenn ihre Skizze fast fertig ist. Man kann ihnen erklären, dass es normal ist, wenn manchmal fünf Versuche nötig sind, bis eine Linie »am richtigen Platz« ist. Die vier ersten Versuche sind keineswegs Fehler, sondern zeigen, wie unsere Augen, unser Gehirn und unsere Hand das Gesehene in einem schrittweisen Prozess verarbeitet und eingeordnet haben. Solche vermeintlichen »Fehlversuche« sind hilfreich und keineswegs ein Grund, sie wegzuradieren oder gar, sich zu schämen! Du kannst hartnäckige Perfektionisten davon überzeugen, sich zu entspannen, indem du sie zu Quantität statt Qualität motivierst. Oder du schlägst eine Pause vom exakten Zeichnen vor und bietest den Kindern dicke Buntstifte, Kreide oder krümelige Pastellfarben an.

Das rastlose Kind

Aktive, rastlose Kinder wirken im ersten Moment vielleicht nicht wie die geborenen Zeichner. Das Skizzieren kann aber helfen, ihre unruhigen Gedanken zu beruhigen, und ermöglicht ihnen, sich intensiv auf eine Sache zu konzentrieren. Lass sie vor dem Zeichnen ein bisschen toben und gib ihnen dann eine Kritzelaufgabe, bei der es um Geschwindigkeit geht, um sie zu motivieren. Bitte sie um Feedback und finde heraus, was und wie sie am liebsten zeichnen. Manchmal braucht es nur einen Wassertankpinsel, um sie ein wenig zu beruhigen. Lass sie selbst bestimmen, wie lang sie zeichnen wollen, und zwing sie nie dazu, wenn sie keine Lust darauf haben.

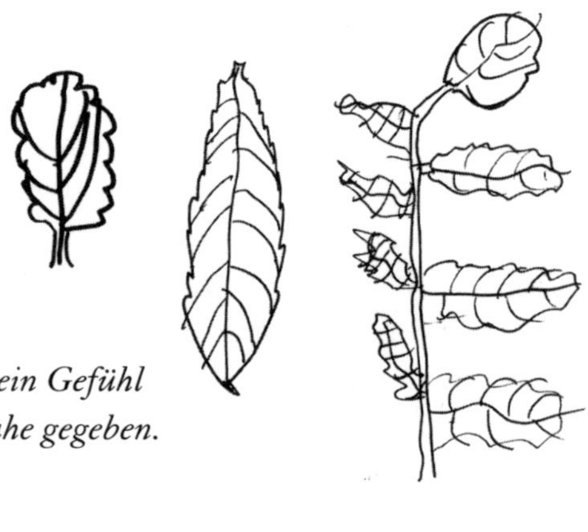

Das Zeichnen hat mir ein Gefühl des Friedens und der Ruhe gegeben. (Evie, 14)

Das zögerliche Kind

Nicht jedes Kind hat Interesse am Kritzeln, aber oft lassen sich die skeptischeren und zögerlichen unter ihnen dazu motivieren, wenn man erklärt, dass es beim Zeichnen auch um Beobachtung und visuelle Kommunikation geht, nicht nur um Kunst. Du kannst ihnen Beispiele von Entdeckern, Erfindern, KI-Entwicklern, Architekten und sogar Fußballern zeigen, die das Zeichnen als Kommunikationsmittel verwenden. Häufig haben zögerliche Kinder Angst, jemand könne sich über ihre Zeichnungen lustig machen, zumal, wenn sie mit mehreren Kindern zeichnen. Oft entspannen sie sich, wenn sie wissen, dass sie ihre Skizzen niemandem zeigen müssen. Aber davon abgesehen kannst und solltest du ein Kind nie zum Zeichnen zwingen, wenn es nicht will.

Man lernt so viel über die Natur und wie wichtig es ist, die Welt genauer zu betrachten. (Charlotte, 11)

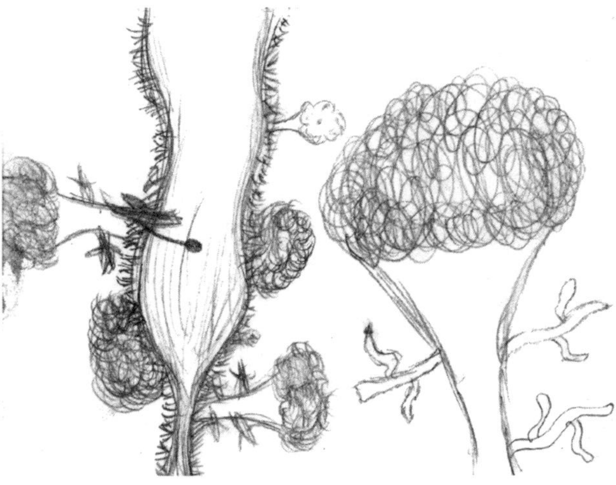

WIE DU AM BESTEN AUF DIE KINDERZEICHNUNGEN REAGIERST

Es ist nicht übertrieben zu sagen, dass deine Reaktion auf die Skizzen eines Kindes seine Liebe zum Zeichnen entweder stärken oder zerstören kann. Ich habe in meinen Workshops zahlreiche Leute getroffen, die mir erzählt haben, wie die Kritik, die sie als Kind erfahren haben – meist von einem Elternteil, den Geschwistern oder dem Kunstlehrer –, sie davon überzeugt hat, dass sie absolut miese Zeichner sind. Hier kommen fünf Tipps, die dir helfen, konstruktiver zu reagieren:

- Bitte um Erlaubnis, wenn du dir eine Zeichnung ansehen willst, und stell dem Kind die Entscheidung frei (junge Kinder zeigen ihre Zeichnungen liebend gern her; ältere Kinder verzichten manchmal lieber darauf). Lobe die Beobachtungen deines Kindes, nicht das Kunstwerk. »Ich sehe, dass du bemerkt hast …« oder »Ich mag, wie du die Muster der Blätter gezeichnet hast« ist geschickter als »Ist das nicht wunderhübsch!«. Wenn du das Kunstwerk an sich kommentieren willst, versuch so konkret wie möglich zu sein und mach zum Beispiel ein Kompliment zur Farbwahl oder einer ungewöhnlichen Komposition.
- Vermeide Bemerkungen wie »Wow, bist du talentiert!«, wenn das Kind einfach »gewöhnlich gut« im Zeichnen ist. Lobe es stattdessen für seine Bemühungen, seine genaue Beobachtungsgabe und seine Konzentration. Natürlich kann es im ersten Moment schön sein zu hören, man sei talentiert, aber es kann auch eine Menge Erwartungsdruck erzeugen. Das wiederum

erzeugt eine Anspannung bezüglich der eigenen Kreativität und kann außerdem Perfektionismus zur Folge haben. Wenn du ein Kind kennst, das richtiges Zeichentalent hat, dann unterstütz es, indem du dich dafür interessierst, was es zeichnet. Vielleicht ist das Zeichnen von Naturmotiven ja eine echte Leidenschaft des Kindes? Wenn dem so sein sollte, dann erzähl ihm von Naturtagebüchern, botanischem Zeichnen oder wissenschaftlichen Illustrationen. Aber ermutige das Kind nur zu diesen strengeren Formen des Zeichnens, wenn es das wirklich möchte.

- Widersteh der Versuchung, ihre Skizzen zu korrigieren oder zu verbessern. Biete Hilfe nur dann an, wenn du danach gefragt wirst. Du kannst immer wieder Tipps einstreuen, verpackt in zwanglose Kommentare, aber versuch nicht, ihnen das Zeichnen beizubringen, und demonstriere ihnen auch nicht deine Art zu skizzieren. Du willst, dass das Kind sich auf seine Beobachtungen konzentriert, nicht auf die Qualität seiner Zeichnungen. Denk daran, dass es beim Greensketching darum geht, die Natur zu genießen und mit ihr in Verbindung zu treten und nicht darum, hübsche Bilder oder schulbuchtaugliche Diagramme zu erzeugen. Lass die Kids Spaß haben und festhalten, was sie auf ihre einzigartige Art wahrnehmen.

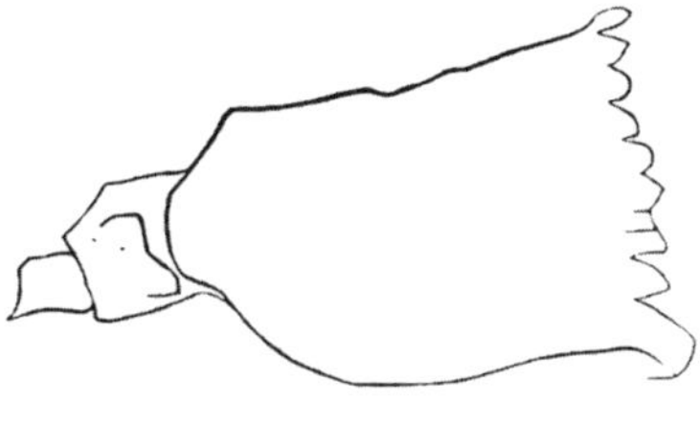

- Kritisiere nie eine Zeichnung und mach dich auch nie über sie lustig. Wenn du nicht erkennen kannst, was eine Skizze darstellen soll, dann lach nicht oder sag: »Was ist das denn?« Bitte das Kind stattdessen, dir seine Zeichnung zu erklären. Wenn es selbst zufrieden damit ist, belass es dabei. Wenn es unzufrieden ist, konzentrier dich darauf, die Beobachtung des Kindes zu verbessern, nicht sein Kunstwerk. Ermutige das Kind dazu, sein Motiv noch einmal genau anzusehen und dir zu beschreiben, was es sieht. Wenn es mag, kann das Kind anschließend mehr Details zu seiner Zeichnung hinzufügen.
- Wenn mehrere Kinder gemeinsam zeichnen, vermeide Vergleiche zwischen den Skizzen. Wenn die Kinder sich die Zeichnungen der anderen ansehen, verhindere nach Möglichkeit Angeberei oder Entschuldigungen für das eigene Bild. Stell die Regel auf, dass die Kinder nett zueinander sein und etwas Besonderes in den Bildern der anderen entdecken sollen; etwas, das ihnen gefällt und das sie zum Beispiel so kommentieren können: »Ich finde es toll, wie du die Blätter gezeichnet hast.«

GLÜCKLICHE, RESILIENTE NATURLIEBHABER

Denk daran, dass es das Ziel des Greensketching ist, glückliche, resiliente Naturliebhaber zu erschaffen und nicht unbedingt künftige Künstler oder Ökologen. Du musst den Kindern nur helfen, die Schönheit und die Wunder der Natur wahrzunehmen und zu genießen. Neugier und Wissbegier werden dann ganz von selbst folgen. Tu in der

Zwischenzeit alles dafür, die einzigartige Beziehung deiner Kinder zur Natur zu stärken. Was fällt ihnen anscheinend immer auf? Wann und wo sind sie draußen am glücklichsten? Hilf ihnen dabei, ihre liebsten Dinge zu schützen. Wenn sie gern Blumen zeichnen, dann pflanzt gemeinsam Wildblumen. Wenn sie am liebsten Rotkehlchen skizzieren, dann füttert zusammen Vögel. Und wenn sie gern Käfer zeichnen, baut ein Insektenhotel. Nähre ihre Liebe für die Natur in ihrem Leben.

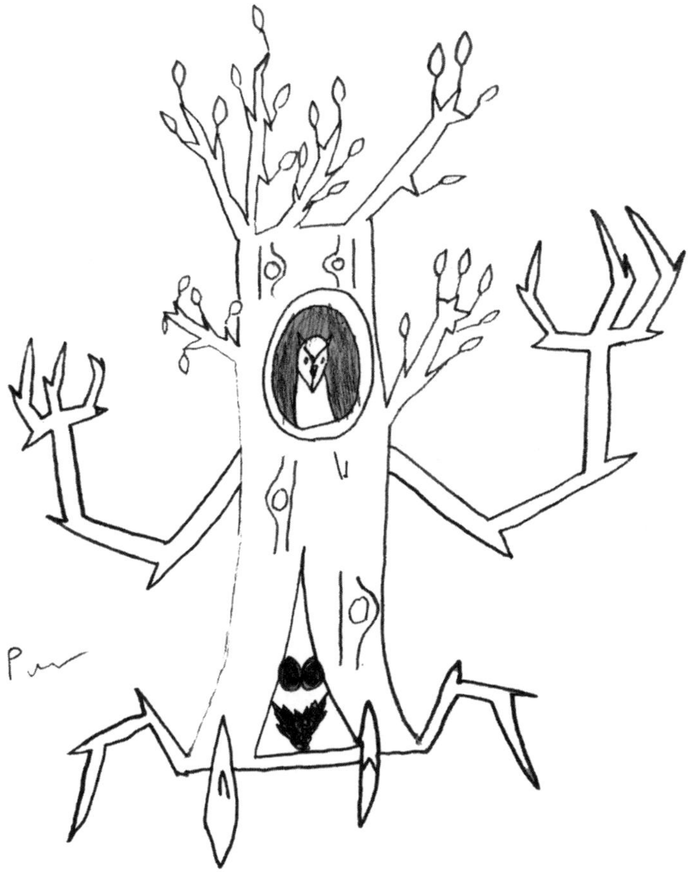

NACHWORT

Um die Welt in einem Sandkorn zu sehen und den Himmel in einer wilden Blume, halte die Unendlichkeit auf deiner flachen Hand und die Stunde rückt in die Ewigkeit.

William Blake, *Auguries of Innocence*

Letztes Jahr bekam ich ein altes Buch, das meiner Großmutter väterlicherseits gehört hatte: *Tramping With a Colour Box* von C. J. Vine[41]. Ich habe meine Großmutter nie kennengelernt, da sie noch vor meiner Geburt gestorben ist, und ich hatte keine Ahnung gehabt, dass sie sich für das Zeichnen interessiert hatte. Aber als ich das Vorwort des Buchs las, das 1927 erschienen ist, bekam ich eine Gänsehaut. Normalerweise überspringe ich lange Zitate in Büchern immer, aber dieses hier sollte man definitiv komplett lesen:

> Nie zuvor in der Geschichte war die Sehnsucht nach der Natur so groß. Nie brauchte die Menschheit ihre heilsamen Kräfte so sehr wie jetzt, wo Körper und Geist den Belastungen durch die ökonomischen und industriellen Probleme ausgesetzt sind.
> Der Städter sehnt sich nach der weiten Frische des freien Himmels; Männer und Frauen wollen gleichermaßen über etwas anderes nachdenken als über das Gebalge um die tägliche Ration. Einer und alle wenden sich mit sehnsüchtigem Blick nach den Feldern

und Hecken, den Hügeln und Tälern, dem sanft dahinfließenden Fluss und dem rastlos wogenden Meer. Doch um von den größten Vorzügen der Natur profitieren zu können, müssen wir darauf trainiert sein, ihre subtile Schönheit zu sehen und zu fühlen. Einen Feldweg entlangzulaufen ist gut, aber es ist noch viel besser, unterwegs die Details zu bemerken und abzubilden.

Einige wenige haben genug Zeit, ausgiebig die Landschaftsmalerei in all ihren Facetten zu studieren. Und noch weniger von uns verfügen über das Genie, das es braucht, um großartige Bilder zu malen. Aber wir alle können am Wegesrand schnelle Notizen machen, kleine Erinnerungen an die Dinge, die wir gesehen haben, kurze Anmerkungen zu dem, was wir uns vorgestellt haben. Und diese Notizen bedeuten uns am Ende unter Umständen viel mehr als eine große Leinwand, die vielleicht für viel Arbeit und Stress und sogar Enttäuschung steht. Große Bemühungen sind gut und erstrebenswert, wenn es möglich ist; aber es ist nicht allen möglich und die, die keine Meisterwerke malen können, sollten deswegen noch längst nicht die kleinen Errungenschaften des Tages verachten.

[...] Diejenigen, die sich nach dem Großen sehnen, aber nur Zeit für kleinere Erfolge haben ... werden ebenfalls eine Menge lernen, indem sie diese Wanderung mit einer Zeichenausrüstung in der Hand unternehmen. Sie werden unerwartete Schönheit in den kleinen Dingen entdecken, Schmuckstücke der Natur jeder Art, und desto mehr die Wunder des Schöpfers begreifen, je mehr sie versuchen, sie mit Bleistift, Farbe und Pinsel abzubilden.

> Und dank alldem werden sie Gesundheit, stärkere Nerven, einen positiveren Blick aufs Leben und ein Interesse an den Dingen, auf die es wirklich ankommt, erlangen.
>
> *Flora Klickmann, 1927*

Greensketching ist offenbar nicht neu. Wir haben nur vergessen, wie sehr es uns aufheitern und unsere Aufmerksamkeit auf die Dinge lenken kann, die wirklich wichtig sind. Es ist ziemlich ernüchternd, darüber nachzudenken, wie massiv sich unser Verhältnis zur Natur seit 1927 verschlechtert hat. Eine Million Pflanzen- und Tierarten sind vom Aussterben bedroht und wir haben einen Klimawandel verursacht, der unsere Existenz bedroht. Wir haben aus dem Blick verloren, worauf es ankommt, und müssen dringend unsere Beziehung zur Natur verändern.

Aber es muss nicht kompliziert oder teuer sein, wieder in Kontakt mit der Natur zu treten. Der erste und wichtigste Schritt ist, sie wahrzunehmen und ihr unsere kostbare Aufmerksamkeit zu schenken. Und das wiederum geht am leichtesten, indem wir versuchen, sie zu zeichnen. Natürlich ändert eine schnelle Kritzelei allein nicht die Welt, genauso wenig wie ein einzelner Spaziergang, ein einzelner tiefer Atemzug oder eine einzelne pflanzenbasierte Mahlzeit deine Gesundheit verbessern wird. Wir sind das, was wir immer wieder tun. Und wenn wir uns immer wieder von unseren technischen Geräten loseisen, hinausgehen und die Natur skizzieren, dann verändern wir unsere Perspektive auf die ganze Welt und eine Art Aufwärtsspirale positiver Gefühle und Verhaltensänderung wird in Gang gesetzt. Je mehr wir die Natur zeichnen, desto mehr wissen wir die Schönheit, Freude und die Wunder, die bereits jetzt

Teil unseres Lebens sind, zu schätzen. Wir merken, welche Gefühle die Natur in uns auslöst, und kultivieren eine persönliche, bedeutsame und zutiefst heilsame Beziehung zu ihr und zu uns selbst.

Ich bin überzeugt davon, dass wir die Natur wieder mehr lieben und schützen werden, wenn wir sie mit anderen Augen sehen. Deswegen ist es höchste Zeit, unsere kostbare Aufmerksamkeit und Konzentration wieder auf das zu richten, worauf es wirklich ankommt. Wenn wir verändern, was wir ansehen, ändern wir auch unseren Gefühlszustand. Nimm dieses Handbuch also mit auf deinen nächsten Spaziergang, lass ein Exemplar davon in deinem Auto, lies es im Garten oder gib es einem frustrierten, ans Büro gefesselten Freund. Teil es mit den ruhigen Menschen in deinem Leben, besonders mit jenen, die im Stillen leiden und versuchen, wieder auf die Beine zu kommen. Nie zuvor in der Geschichte gab es einen besseren Zeitpunkt, die Handys wegzulegen, sich einen Bleistift zu schnappen und hinauszugehen. Die Welt da draußen ist wunderschön, überzeug dich selbst!

ANHANG

Je klarer wir unsere Aufmerksamkeit auf die Wunder und die Realität des Universums richten, desto weniger Gefallen werden wir an der Zerstörung finden.

Rachel Carson in ihrer Dankesrede für die John-Burroughs-Medaille für Autoren naturwissenschaftlicher Bücher, 1952

KÜMMERE DICH UM DAS, WAS DU LIEBST: ZWANZIG WEGE, DER NATUR ZU HELFEN

1. Kauf weniger Zeug! Überdenk deinen konsumgesteuerten Wunsch nach neuen und besseren Dingen noch einmal und versuch das wertzuschätzen, was du bereits besitzt.
2. Reduziere die Verschwendung von Essen, indem du die Mahlzeiten planst, Einkaufslisten erstellst und wöchentliche Einkäufe machst.
3. Entscheide dich für nachhaltigere Produkte und Anbieter (zum Beispiel in puncto Strom, Auto, Kühlschrank, Reinigungsmittel, Klamotten, Toilettenpapier) und unterstütze umweltfreundliche Firmen.
4. Denk bei der Entscheidung, wohin und auf welche Weise du verreist, an den Klimawandel.
5. Gewöhn dir nach und nach eine pflanzenbasierte Ernährungsweise an, indem du weniger Fleisch (besonders Rind), weniger Milchprodukte, weniger Ei und weniger Fisch isst.

6. Reduziere deinen Energieverbrauch (und deine Energieverschwendung!).
7. Recycle, was immer du kannst, und kompostiere deine Essensreste.
8. Pflanze ein paar Bäume und/oder gestalte deinen Garten wildtierfreundlich, indem du einen Teich aushebst, die Vögel fütterst, Blumen für Bienen und Schmetterlinge pflanzt und keinen Torf verwendest.
9. Baue dein eigenes Essen an oder kaufe regionale, saisonale Produkte.
10. Steck den Kopf nicht in den Sand. Lies genug Nachrichten und wissenschaftliche Studien, um zu erkennen, dass Handeln dringend erforderlich ist – aber nicht so viel, dass du vor Angst vor dem drohenden Unheil wie gelähmt bist.
11. Bleib positiv. Ein gewisses Maß an Eco-Anxiety ist normal und auch angemessen. Kanalisier sie in Handlungen, tu dich mit Menschen zusammen, die positive Veränderungen herbeiführen wollen, und such dir, wenn nötig, professionelle Hilfe.
12. Unterstütze beim Wählen die Natur.
13. Unterstütze die wunderbaren Charity-Organisationen und Naturschutzverbände.
14. Engagiere dich in Initiativen, die sich für Naturschutz und Bürgerwissenschaften einsetzen.
15. Unterstütze Initiativen, die Frauenbildung fördern (Studien haben gezeigt, dass das einen größeren Einfluss auf die Reduktion der Treibhausgase hat als elektrische Autos[42]).
16. Nähre die Beziehung deines Kindes zur Natur.
17. Unterstütze von Jugendlichen organisierte Klimabewegungen und legale Proteste.

18. Nutze Social Media für einen guten Zweck: Hilf, umweltfreundliches Verhalten zu normalisieren, und verbreite Hoffnung und zeige Möglichkeiten auf.
19. Bewege deine Familie, deine Freunde, die Schule, deine Arbeitskollegen, die örtliche Community, deine Glaubensgemeinde, deinen Sportverein, die Betreiber deines Lieblingscafés und deiner Lieblingsläden sanft dazu, umweltfreundlich zu handeln. Wir haben oft einen größeren Einfluss, als wir denken.
20. Teile deine Liebe zum Greensketching und inspiriere andere dazu, es auszuprobieren!

WEITERFÜHRENDE LITERATUR

Verbindung zur Natur

Prof. Miles Richardsons Blog: https:/findingnature.org.uk

The Wildlife Trusts: www.wildlifetrusts.org

Schönheit und Freude finden

Ingrid Fetell Lee: *Joyful. Wie Sie Ihre Wohlfühlumgebung gestalten und glücklich leben*. Piper, München 2020. Aus dem Englischen von Viola Krauß.

Beth Kempton: *Wabi-Sabi. Die japanische Weisheit für ein perfekt unperfektes Leben.* Lübbe, Köln 2019. Aus dem Englischen von Viola Krauß.

Zeichnen, um zu sehen

The Big Draw: www.thebigdraw.org

John Ruskin: *The Elements of Drawing*, 1857

Verbesserung des Wohlbefindens

Feel Better, Live More: Podcast mit Dr. Rangan Chatterjee

Action for Happiness: (www.actionforhappiness.org)

Entwicklung neuer Fähigkeiten und Angewohnheiten

James Clear: *Die 1%-Methode. Minimale Veränderung, maximale Wirkung.* Goldmann, München 2020. Aus dem Englischen von Annika Tschöpe.

Carol Dweck: *Selbstbild – Wie unser Denken Erfolge oder Niederlagen bewirkt*. Piper, München 2017. Aus dem Englischen von Jürgen Neubauer

Andere Zeichenmethoden

Traditionelles Pleinair-Zeichnen

Field Studies Council: www.field-studies-council.org/courses-and-experiences/art-and-leisure-courses/

Suzanne Brooker: *Essential Techniques of Landscape Drawing. Master the Concepts and Methods for Observing and Rendering Nature.* Watson-Guptill Publications, New York 2018.

Naturtagebuch

John Muir Laws: https://johnmuirlaws.com

Journaling with Nature – Podcast von Bethan Burton: www.journalingwithnature.com

Achtsames Zeichnen

Wendy Ann Greenhalgh: *Mindfulness and the Art of Drawing*. Leaping Hare Press, Brighton 2015.

National Portrait Gallery: www.npg.org.uk/learning/digital/mindful-drawing

Feldskizzen

Janet Swailes: *Field Sketching and the Experience of Landscape*. Routledge, Abingdon 2016.

Matthew J. Genge: *Geological Field Sketches and Illustrations. A Practical Guide*. Oxford University Press, Oxford 2020.

Urban Sketching

Gabriel Campanario: *Urban Sketching – Zeichnen und Skizzieren unterwegs – Eine Weltreise.* Frechverlag, Stuttgart 2012.

Website der Urban Sketchers: www.urbansketchers.org

Botanisches Zeichnen

The Society of Botanical Artists: www.soc-botanical-artists.org

www.drawbotanical.com

DANKE!

Rachel Mills – für ihren Glauben an mich, ihre Liebe zu Greensketching und dafür, dass sie meine ganze Welt verändert hat; und an Alexandra Cliff, die mir dabei half, die Freude auch im Ausland zu verbreiten.

Carole Tonkinson – dafür, dass sie mir diese wertvolle Möglichkeit eröffnete. Es war mir eine Ehre und Freude, dieses Buch mit One Boat, Pan Macmillan zum Leben zu erwecken.

Katy Denny – dafür, dass sie so eine wunderbare Lektorin ist, und Lindsay, Ami, Jess, Sian, Katie, Lesley und Jane – für ihre Hilfe beim Erschaffen und Teilen dieses schönen Buches.

Beth Kempton – dafür, dass sie mich dazu gebracht hat, das zu machen, was ich liebe und mich dazu ermutigt hat, dieses Buch zu schreiben. Ohne dich würde ich dies alles nicht tun!

Meinen Boggy Doodlers, jung und alt – dafür, dass ihr mich dazu inspiriert habt, dieses Handbuch zu schreiben. Mein besonderer Dank geht an all jene von euch, die Kritzeleien für Kapitel 12 beigetragen haben.

Professor Miles Richardson und seinem Team an der Derby University – für Ihre Pionierarbeit in der Forschung zu Naturverbundenheit, die die Basis ist für das Greensketching.

Allen wunderbaren Menschen, die meine Greensketching-Reise gefördert haben: Sara Knowles und dem Team von TEDx, Martin James, Bethan Burton, Katie Kershaw, Carol Bennetto, Debra Wilson, Re-PEAT, Jonathan Norris, The National Trust, Mother Nature Sanctuary, Anglian Water, Paul Tavernor Gallery, Yenson Donbavand, Deli No74, The North Pennines AONB, Anstee Bridge, *The Guardian, Waitrose Weekend, The Simple Things, Trail Magazine* und *The Big Draw,* meinen Greensketching-Botschaftern, Mitautoren bei BPMC, Instagram-Freunden und Doodle-Newsletter-Abonnenten.

Meinen Freunden und meiner Familie, die dieses Buchabenteuer mit mir geteilt haben, besonders: Jo – für das Zuhören, während sich das Buch Woche für Woche entfaltete; Andy – dafür, mich zum Handeln angestoßen und mir durch den Winter geholfen zu haben; Helen – für kathartische lange Spaziergänge; meinen Schulmütter-Freundinnen – dafür, dass sie immer da sind; und Graham – für den Bau von Cowberry Corner, das Ernähren unserer Familie und dass er neben mir Achterbahn gefahren ist.

Und schließlich: Danke an Ben – dafür, dass du mein Sonnenschein bist. Ich liebe dich!

ZITIERTE QUELLEN

1 Twohig-Bennett, C. und Jones, A.: »The health benefits of the great outdoors: A systematic review and meta-analysis of greenspace exposure and health outcomes«, in: *Environmental Research,* Band 166, S. 628–37 (2018). https://doi.org/10.1016/j.envres.2018.06.030

2 Pritchard, A., Richardson, M., Sheffield, D. und andere: »The Relationship Between Nature Connectedness and Eudaimonic Well-Being: A Meta-analysis«, in: *J Happiness Stud* 21, S. 1145–1167 (2020).
Ming, K., Barnes, M. und Jordan, C.: »Do Experiences With Nature Promote Learning? Converging Evidence of a Cause-and-Effect Relationship«, in: *Frontiers in Psychology* 10, 305 (2019). https://www.frontiersin.org/article/10.3389/fpsyg.2019.00305

3 Chawla, L.: »Benefits of Nature Contact for Children«, in: *Journal of Planning Literature,* Band 30(4), S. 433–52 (2015). https://journals.sagepub.com/doi/10.1177/0885412215595441

4 Ming, K., Barnes, M. und Jordan, C.: »Do Experiences with Nature Promote Learning? Converging Evidence of a Cause-and-Effect Relationship«, in: *Frontiers in Psychology* 10, 305 (2019). https://www.frontiersin.org/article/10.3389/fpsyg.2019.00305

5 Whitburn, J., Linklater, W. und Abrahamse, W.: »Meta-analysis of human connection to nature and proenvironmental behavior«, in: *Conservation Biology,* Band 34, S. 180–93 (2020). https://doi.org/10.1111/cobi.13381

6 Lumber, R., Richardson, M., Sheffield, D.: »Beyond knowing nature: Contact, emotion, compassion, meaning, and beauty are pathways to nature connection«, in: *PLoS ONE*, Band 12(5): e0177186 (2017). https://doi.org/10.1371/journal.pone.0177186

7 National Trust: *Noticing Nature: The first report in the Everyone Needs Nature series* (2020). https://nt.global.ssl.fastly.net/documents/noticing-nature-report-feb-2020.pdf

8 Keypoint Intelligence / InfoTrends Worldwide: »Consumer Photos Captured and Stored 2018–2022«, https://blog.mylio.com/how-many-photos-will-be-taken-in-2020/

9 Tamir, D. I., Templeton, E. M., Ward, A. F., Zaki, J.: »2018 Media usage diminishes memory for experiences«, in: *Journal of Experimental Social Psychology,* Band 76, S. 161–68. doi:10.1016/j.jesp.2018.01.006

10 Brew, Angela C.: *Learning to draw: an active perceptual approach to observational drawing synchronising the eye and hand in time and space.* PhD thesis, University of the Arts, London 2015.

11 Butler, S., Gross, J. und Hayne, H.: »The Effect of Drawing on Memory Performance in Young Children«, in: *Developmental Psychology*, Band 31, S. 597–608 (1995). doi:10.1037/0012–1649.31.4.597

12 Reid, S., Shapiro, L. und Louw, G.: »How Haptics and Drawing Enhance the Learning of Anatomy«, in: *Anat Sci Educ,* Band 12, S. 164–72 (2019). https://doi.org/10.1002/ase.1807

13 Meade, M. E., Maahum, A. und Fernandes, M. A.: »Drawing pictures at encoding enhances memory in healthy older adults and in individuals with probable dementia«, in: *Aging, Neuropsychology, and Cognition*, Band 27(6), S. 880–901 (2020). doi:10.1080/13825585.2019.1700899

14 Fernandes, M. A., Wammes, J. D., Meade, M. E.: »The Surprisingly Powerful Influence of Drawing on Memory«, in: *Current Directions in Psychological Science,* Band 27(5), S. 302–08 (2018). doi:10.1177/0963721418755385

15 Velarde, M. D., Fry, G. und Tveit, M.: »Health effects of viewing landscapes – Landscape types in environmental psychology«, in: *Urban Forestry & Urban Greening,* Band 6(4), S. 199–212 (2007). https://doi.org/10.1016/j.ufug.2007.07.001

16 Rudd, M., Vohs, K. D., Aaker, J.: »Awe Expands People's Perception of Time, Alters Decision Making, and Enhances Well-Being«, in: *Psychological Science,* Band 23(10), S. 1130–36 (2012).

17 Tugade, M. M., Fredrickson, B. L.: »Regulation of Positive Emotions: Emotion Regulation Strategies that Promote Resilience«, in: *J Happiness Stud,* Band 8, S. 311–33 (2007). https://doi.org/10.1007/s10902–006–9015–4

18 Ulrich, R. S.: »View through a window may influence recovery from surgery«, in: *Science,* Apr 27; 224(4647):420–1 (1984).
Hüfner, K., Ower, C., Kemmler, G., Vill, T., Martini, C., Schmitt, A. und Sperner-Unterweger, B.: »Viewing an alpine environment positively affects emotional analytics in patients with somatoform, depressive and anxiety disorders as well as in healthy controls«,

in: *BMC psychiatry,* 20(1), 385 (2020). https://doi.org/10.1186/s12888-020-02787-7

19 Kellert, S. R. und Wilson, E. O.: *The biophilia hypothesis*. Island Press, Washington 1995.

20 Loveday, L.: »Fractals: the hidden beauty and potential therapeutic effect of the natural world«, in: *Journal of Holistic Healthcare,* Band 16, Ausgabe 1 (2019).

21 Briki, W. und Majed, L.: »Adaptive Effects of Seeing Green Environment on Psychophysiological Parameters When Walking or Running«, in: *Frontiers in psychology*, Band 10, S. 252 (2019). https://doi.org/10.3389/fpsyg.2019.00252

Geddes, L.: *Chasing the Sun: The New Science of Sunlight and How it Shapes Our Bodies and Minds* (Wellcome Collection). Profile Books, London 2019.

22 Hanson, R.: *Hardwiring Happiness: the new brain science of contentment, calm and confidence*. Rider, London 2013.

23 »Places That Make Us«, National Trust (2018). https://nt.global.ssl.fastly.net/documents/ places-that-make-us-research-report.pdf [abgerufen am 27. 03. 2019]

Daryanto, A. und Zening Song, Z.: »A meta-analysis of the relationship between place attachment and pro-environmental behaviour«, in: *Journal of Business Research,* Band 123, S. 208–19 (2021). https://doi.org/10.1016/j.jbusres.2020.09.045

24 Fancourt, D., Finn, S.: *Cultural Contexts of Health: The role of the arts in improving health and well-being in the WHO European Region*. World Health Organisation, Kopenhagen 2019.

25 Drake, J. E.: »How Drawing to Distract Improves Mood in Children«, in: *Frontiers in Psychology,* Band 12, S. 78 (2021). https://www.frontiersin.org/article/10.3389/fpsyg.2021.622927

26 https://www.webmd.com/mental-health/mental-health-benefits-of-journaling [abgerufen am 10. 06. 2021]

27 https://johnmuirlaws.com/nature-journaling-starting-growing/ [abgerufen am 11. 06. 2021]

28 Mollon, J. D., Bosten, J. M., Peterzell, D. H. und Webster, M. A.: »Individual differences in visual science: What can be learned and what is good experimental practice?«, in: *Vision Research,* Band 141, S. 4–15 (2017). https://doi.org/10.1016/j.visres.2017.11.001

29 Cao, L. und Handel, B.: »Walking enhances peripheral visual processing in humans«, in: *PLoS Biology,* Band 17(10) (2019).

30 Siegel, D. J.: *The developing mind: How relationships and the brain interact to shape who we are* (3. Aufl.). Guilford Press, New York 2020.

31 Mrkva, K., Westfall, J., Van Boven, L.: »Attention Drives Emotion: Voluntary Visual Attention Increases Perceived Emotional Intensity«, in: *Psychological Science,* Band 30(6), S. 942–54 (2019). doi:10.1177/0956797619844231

32 Schloss, K. B., Nelson, R., Parker, L., Heck, I. A. und Palmer, S. E.: »Seasonal Variations in Color Preference«, in: *Cogn Sci,* Band 41, S. 1589–612 (2017). https://doi.org/10.1111/cogs.12429

33 AL-Ayash, A., Kane, R. T., Smith, D. und Green-Armytage, P.: »The influence of color on student emotion, heart rate, and performance in learning environments«, in: *Color Res. Appl.*, Band 41, S. 196–205 (2016). https://doi.org/10.1002/col.21949

34 Thönes, S., von Castell, C., Iflinger, J. et al.: »Color and time perception: Evidence for temporal overestimation of blue stimuli«, in: *Sci Rep,* Band 8, S. 1688 (2018). https://doi.org/10.1038/s41598–018–19892-z

35 Cousin, L., Redwine, L., Bricker, C., Kip, K. und Buck, H.: »Effect of gratitude on cardiovascular health outcomes: a state-of-the-science review«, in: *The Journal of Positive Psychology,* Band 16(3), S. 348–55 (2021). doi:10.1080/17439760.2020.1716054

36 McEwan, K., Richardson, M., Sheffield, D., Ferguson, F. J. und Brindley, P.: »A Smartphone App for Improving Mental Health through Connecting with Urban Nature«, in: *International Journal of Environmental Research and Public Health,* Band 16(18), S. 3373 (2019). https://doi.org/10.3390/ijerph16183373

37 Basu, M., Hashimoto, S. und Dasgupta, R.: »The mediating role of place attachment between nature connectedness and human well-being: perspectives from Japan«, in: *Sustain Sci,* Band 15, S. 849–862 (2020). https://doi.org/10.1007/s11625–019–00765-x

38 »Places That Make Us«, National Trust (2018). https://nt.global.ssl.fastly.net/documents/ places-that-make-us-research-report.pdf [abgerufen am 24. 06. 2021]

39 Birch, J., Rishbeth, C., Payne, S.: »Nature doesn't judge you – how urban nature supports young people's mental health and wellbeing in a diverse UK city«, in: *Health and Place* (2020). https://doi.org/10.1016/j.healthplace.2020.102296

40 B. J. Fogg: *Tiny Habits: The Small Changes That Change Everything*. Houghton Mifflin Harcourt Publishing, New York 2019.
James Clear: *Atomic Habits: An Easy & Proven Way to Build Good Habits & Break Bad Ones.* Random House, New York 2018.

41 Vine, C. J.: *Tramping With a Colour Box,* herausgegeben von Flora Klickmann. The Religious Tract Society, London 1927. Die Passage wurde übersetzt von Lene Kubis.

42 Hawken, Paul (Hg.): *The most comprehensive plan ever proposed to reverse global warming.* Penguin Random House, New York 2017.

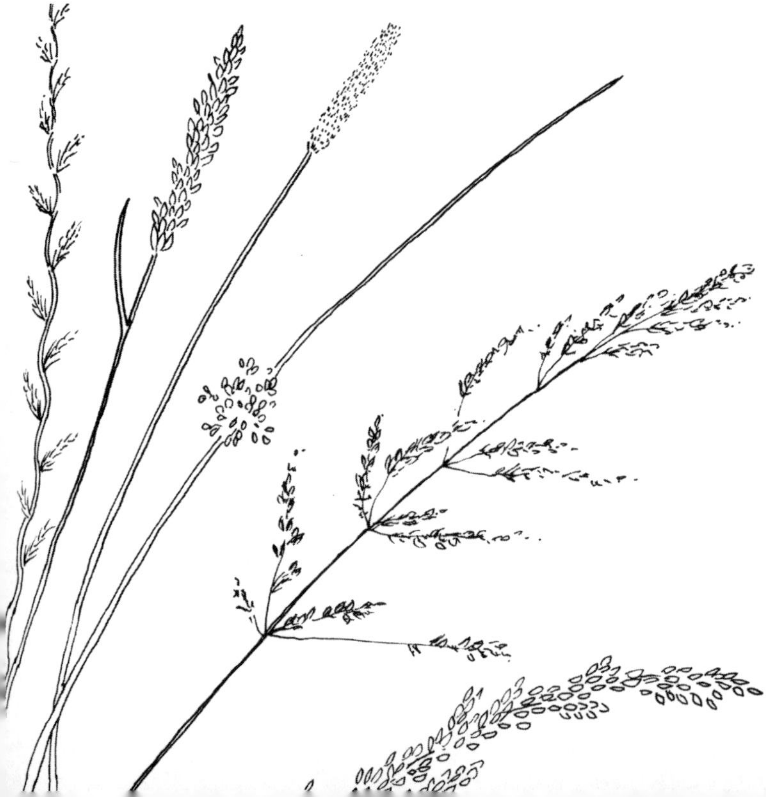

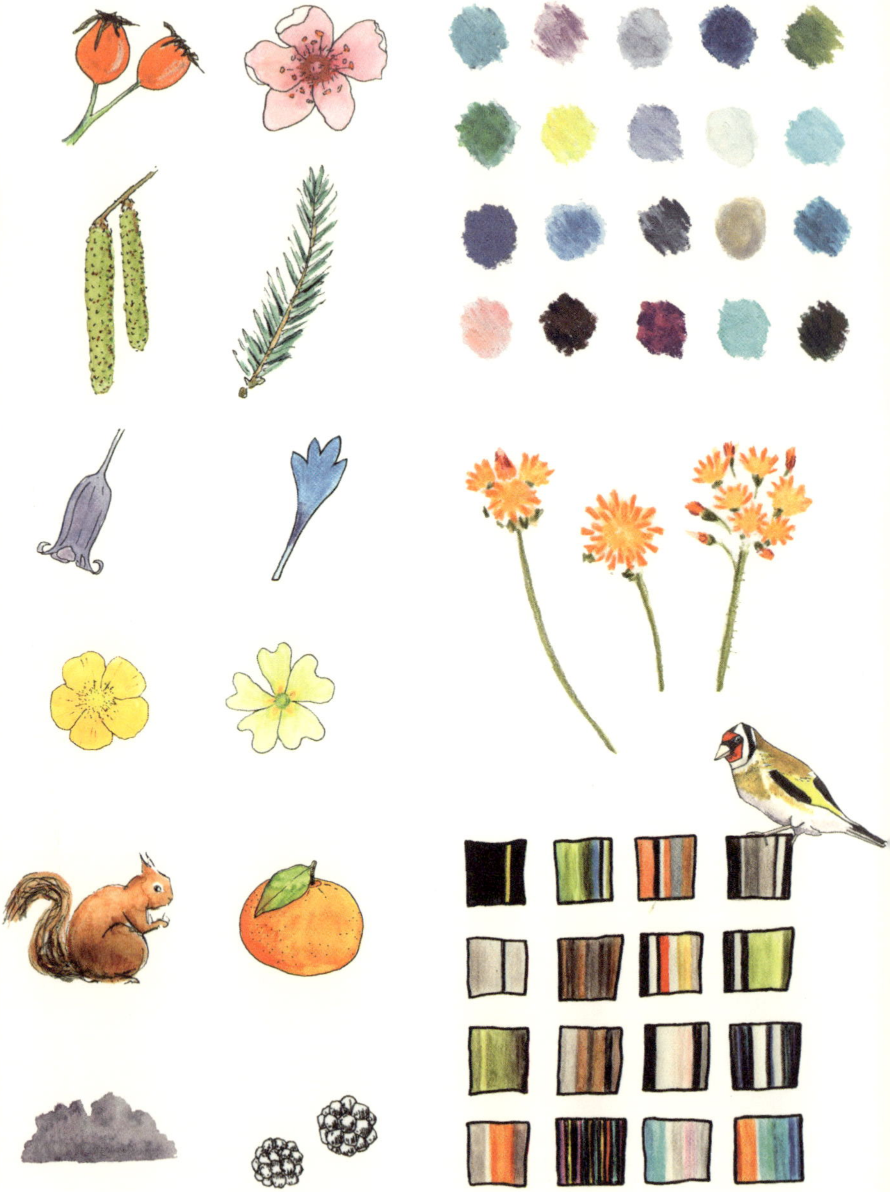